DEVELOPPEMENT PERSONNEL

LES SECRETS DES RICHES

Nicolas AFFRANCHI

Comment Ils Pensent, Agissent et Prospèrent

Les Secrets des Riches

Nicolas AFFRANCHI / Copyright©2024
Tous droits réservés.
Marque éditoriale: Independently published
ISBN: 9798345508596

Table des matières

DÉDICACE v
AVANT-PROPOS vi
INTRODUCTION 1
  I.1 La définition de la richesse 1
    I.1.1 Richesse matérielle vs richesse immatérielle 1
    I.1.2 L'importance de l'équilibre financier dans la vie 2
    I.1.3 Les mécanismes sous-jacents de la prospérité 5
  I.2 Pourquoi certains prospèrent quand d'autres échouent 7
    I.2.1 Les facteurs externes de la réussite financière 7
    I.2.2 Les facteurs internes de la réussite financière 9
    I.2.3 Les mythes entourant la richesse 11
  I.3 Objectif du livre 13
    I.3.1 Exposer les secrets des personnes financièrement prospères ... 13
    I.3.2 Fournir un guide pratique pour adopter ces habitudes 15
    I.3.3 Encourager un changement de mentalité vis-à-vis de l'argent 17

Chapitre 1: Penser à long terme plutôt qu'à court terme 20
  1.1 La vision à long terme 20
    1.1.1 Les bénéfices d'une pensée à long terme 20
    1.1.2 Les pièges de la gratification immédiate 22
    1.1.3 Cultiver une mentalité d'investisseur 24
  1.2 La patience: clé de la réussite financière 26
    1.2.1 Comprendre la valeur du temps en finance 26
    1.2.2 La force de l'intérêt composé 28
    1.2.3 Gérer les attentes et résister à la pression sociétale 30
  1.3 Stratégies pour maintenir une vision à long terme 32
    1.3.1 Établir des objectifs financiers clairs 32
    1.3.2 Planifier pour l'avenir 34
    1.3.3 Rester informé et adaptatif 36

Chapitre 2: Continuellement s'éduquer et apprendre 38

2.1 La puissance de la connaissance 38
2.1.1 L'importance de l'éducation financière 38
2.1.2 Apprendre des échecs et des réussites 40
2.1.3 Éviter l'arrogance financière...42
2.2 Les ressources pour l'éducation financière 44
2.2.1 Livres et cours 44
2.2.2 Mentors et experts 46
2.2.3 Réseaux et communautés 48
2.3 Mettre la connaissance en pratique 50
2.3.1 Adapter les apprentissages à sa propre situation 51
2.3.2 Évaluer régulièrement ses connaissances 52
2.3.3 Prendre des décisions éclairées 54

Chapitre 3: Réseauter avec des personnes ayant des objectifs similaires 57
3.1 L'importance du réseau 57
3.1.1 Amplifier ses opportunités 57
3.1.2 S'entourer de modèles de réussite 59
3.1.3 La force de la synergie 61
3.2 Construire un réseau solide 63
3.2.1 Identifier et se connecter aux bons interlocuteurs.................64
3.2.2 Entretenir ses relations 66
3.2.3 Participer activement à des événements et des forums...........67
3.3 Maximiser les bénéfices du réseautage 69
3.3.1 Collaborer pour le succès mutuel 69
3.3.2 Éviter les distractions et les mauvaises influences 71
3.3.3 Cultiver la confiance et l'intégrité 73

Chapitre 4: Gérer les risques intelligemment 76
4.1 Comprendre les différents types de risques..............................76
4.1.1 Les risques financiers systémiques et non systémiques...........76
4.1.2 Le rapport entre risque et rendement 78
4.1.3 Les risques cachés dans les investissements 80

4.2 Stratégies de gestion du risqué 82
    4.2.1 La diversification comme pilier 83
    4.2.2 Les techniques de couverture (hedging) 85
    4.2.3 L'importance d'une réserve d'urgence 87

4.3 Cultiver une mentalité résiliente 89
    4.3.1 Apprendre de ses erreurs financières 89
    4.3.2 Ne pas laisser la peur dicter les décisions 92
    4.3.3 Rester informé et vigilant 94

Chapitre 5: Vivre en dessous de ses moyens pour investir la différence 96

5.1 Les dangers de la surconsommation 96
    5.1.1 La culture de l'endettement 96
    5.1.2 Les pressions sociales et le besoin d'afficher sa richesse 98
    5.1.3 La différence entre besoins et envies 100

5.2 Techniques pour économiser efficacement 102
    5.2.1 Budgétisation et suivi des dépenses 102
    5.2.2 Rechercher des sources de revenus supplémentaires 104
    5.2.3 Réduire les dépenses inutiles 107

5.3 Investir la différence 109
    5.3.1 Les bases de l'investissement intelligent 109
    5.3.2 Créer un portefeuille d'investissement diversifié 111
    5.3.3 Comprendre l'importance de la croissance composée 114

Chapitre 6: Le rôle de l'innovation et de l'adaptabilité 116

6.1 L'importance de l'innovation 116
    6.1.1 Comment l'innovation mène à de nouvelles opportunités financières 116
    6.1.2 Rester à jour avec les tendances du marché 118
    6.1.3 Penser en dehors des sentiers battus 120

6.2 Cultiver une mentalité adaptable 122
    6.2.1 Accepter et apprendre des échecs 122
    6.2.2 S'adapter aux changements du marché 124

6.2.3 L'importance de la flexibilité dans la stratégie financière 127

6.3 Tirer parti de la technologie et de la digitalisation 129
    6.3.1 Les outils technologiques pour la gestion financière 129
    6.3.2 La révolution des fintechs et ses avantages 131
    6.3.3 Restez en phase avec les innovations financières digitales........133

Conclusion 135
C.1 La transformation vers la prospérité..135
    C.1.1 Résumé des habitudes clés des riches 135
    C.1.2 La persévérance dans l'adoption de nouvelles habitudes 137
    C.1.3 L'importance de la constance 139

C.2 Un appel à l'action 141
    C.2.1 Passer de la connaissance à l'action..141
    C.2.2 Éviter la procrastination financière 143
    C.2.3 Se responsabiliser pour sa propre prospérité..........................145

C.3 Vers un avenir financièrement serein 147
    C.3.1 Cultiver la gratitude et la générosité 147
    C.3.2 Rester humble et ouvert d'esprit 149
    C.3.3 Encourager les autres à emprunter la voie de la prospérité.....151

Bibliographie 153

DÉDICACE

A ceux qui ont su voir plus loin,

Qui n'ont jamais baissé les bras,

Même face aux vents contraires.

A ceux qui croient en leurs rêves,

Et n'abandonnent pas l'espoir.

Votre ténacité force l'admiration.

Puissiez-vous inspirer le monde

Par votre courage et votre volonté.

La richesse n'est pas hors de portée,

Elle sourit aux persévérants.

Nicolas AFFRANCHI

AVANT-PROPOS

Chers lecteurs,

J'ai écrit ce livre pour partager avec vous les secrets qui permettent aux riches de prospérer. Ayant moi-même connu des hauts et des bas dans ma vie, j'ai cherché à comprendre ce qui distinguait ceux qui réussissent des autres.

Après des années d'observation et de recherche, j'ai identifié les principales caractéristiques et les clés du succès des personnes fortunées. J'ai ainsi découvert que leur façon de penser, d'agir et de voir le monde fait toute la différence.

Dans cet ouvrage, je vous dévoile ces secrets si précieux. Vous découvrirez comment les riches fixent leurs objectifs, prennent des risques calculés, investissent leur argent et leur temps, mais aussi comment ils surmontent les épreuves.

Mon souhait le plus cher est que ce livre vous inspire et vous donne les outils pour prendre votre destinée en main. Je suis convaincu que chacun peut devenir riche à condition d'adopter la bonne attitude mentale et les bonnes stratégies.

Puissiez-vous trouver dans ces pages de quoi nourrir vos rêves et concrétiser vos aspirations les plus ambitieuses. L'enrichissement n'est pas réservé à une élite, il est à la portée de tous ceux qui se donnent les moyens d'y parvenir.

Je vous souhaite une stimulante lecture !

Nicolas AFFRANCHI

INTRODUCTION

I.1 La définition de la richesse

I.1.1 Richesse matérielle vs richesse immatérielle

Depuis la nuit des temps, la richesse a été au cœur des aspirations humaines. Chacun de nous, à un moment ou à un autre, a rêvé de posséder un trésor, que ce soit une montagne d'or, une maison luxueuse ou une voiture rutilante. Ces biens, tangibles et palpables, symbolisent pour beaucoup la réussite et la prospérité. Mais, dans notre quête effrénée de richesse matérielle, avons-nous négligé une autre forme de richesse, tout aussi précieuse, voire davantage, la richesse immatérielle?

La richesse matérielle se manifeste par des biens tangibles, des possessions que l'on peut voir, toucher et utiliser. Elle englobe les biens immobiliers, les véhicules, les bijoux, l'argent en banque, les investissements financiers et tout autre bien que l'on peut quantifier en termes monétaires. Cette forme de richesse est souvent celle à laquelle nous pensons en premier lieu, car elle est directement liée à notre confort, à notre sécurité et à notre statut social.

L'importance accordée à la richesse matérielle s'enracine profondément dans notre histoire. Depuis l'époque des rois et des pharaons, où l'or, les pierres précieuses et les terres étaient des symboles de pouvoir, jusqu'à notre époque contemporaine, marquée par le culte de la consommation et la course à l'accumulation, la richesse matérielle a été synonyme de succès. Elle offre des avantages indéniables: sécurité, confort, liberté de choix et même reconnaissance sociale.

Toutefois, cette focalisation sur le matériel présente des inconvénients. Une quête incessante de richesse matérielle peut entraîner une insatisfaction chronique, un sentiment que rien n'est jamais assez. Elle peut nous rendre esclaves de nos possessions, nous poussant à travailler sans relâche pour acquérir toujours plus, au détriment de notre bien-être et de nos relations.

D'un autre côté, la richesse immatérielle englobe tout ce qui ne peut être touché ou quantifié en termes monétaires, mais qui possède une valeur inestimable pour l'individu. Il s'agit notamment des expériences, des souvenirs, des compétences, des connaissances, des relations, de la santé mentale et physique, et du bien-être intérieur.

Pensez aux moments passés avec des êtres chers, aux éclats de rire partagés, aux connaissances acquises, aux compétences développées ou même à la paix intérieure ressentie lors d'une méditation. Ces expériences, bien qu'immatérielles, enrichissent notre vie d'une manière que l'argent ne peut acheter. Elles forment la toile de fond de notre existence et définissent qui nous sommes en tant qu'individus.

L'importance de la richesse immatérielle dans le développement personnel est cruciale. Elle nous rappelle que le bonheur et la plénitude ne se trouvent pas toujours dans les possessions matérielles, mais aussi dans notre capacité à apprécier les moments présents, à entretenir des relations saines et à nous développer continuellement.

Un équilibre entre ces deux formes de richesse est essentiel. Trop souvent, nous sommes poussés à privilégier l'une au détriment de l'autre. Certains peuvent accumuler des biens matériels toute leur vie, pour se rendre compte, à la fin, qu'ils ont négligé les relations, les expériences ou leur propre croissance personnelle. D'autres peuvent se focaliser uniquement sur la richesse immatérielle, au risque de négliger leur sécurité financière.

Le véritable enrichissement réside dans la capacité à reconnaître et à valoriser ces deux facettes de la richesse. Dans notre quête de prospérité, il est essentiel de se rappeler que la richesse n'est pas seulement ce que nous possédons, mais aussi qui nous sommes, ce que nous vivons et comment nous grandissons en tant qu'individus. En fin de compte, la vraie richesse est une combinaison harmonieuse de possessions matérielles et de trésors immatériels qui, ensemble, rendent la vie vraiment riche et significative.

I.1.2 L'importance de l'équilibre financier dans la vie

L'argent, souvent considéré comme un simple outil d'échange, est bien plus qu'une monnaie. Il façonne nos choix, influence nos émotions, et peut même définir notre place dans la société. Dans ce contexte, l'équilibre financier dépasse la simple gestion des finances: il s'agit d'une quête essentielle à l'épanouissement personnel et à la sérénité. L'équilibre financier n'est pas uniquement défini par la quantité d'argent que l'on possède, mais plutôt par la manière dont on gère, investit et considère cette richesse.

Comprendre l'équilibre financier: À la base, l'équilibre financier signifie que vos revenus couvrent vos dépenses, tout en vous permettant de mettre de côté pour l'avenir. Cet équilibre va bien au-delà de la simple mathématique. Il est profondément enraciné dans nos émotions, nos aspirations et notre perception de la valeur. Atteindre un équilibre financier signifie créer une harmonie entre vos besoins, vos désirs et vos moyens, tout en anticipant et en planifiant pour l'avenir.

Les ramifications émotionnelles: L'inquiétude financière est l'une des principales sources de stress dans le monde moderne. Les dettes, les imprévus financiers, la pression de mener un certain train de vie peuvent tous engendrer une anxiété considérable. Trouver un équilibre financier peut non seulement réduire cette anxiété, mais aussi améliorer votre bien-être général.

L'équilibre financier peut également renforcer votre estime de soi. Savoir que vous gérez efficacement votre argent, que vous atteignez vos objectifs financiers et que vous préparez l'avenir peut vous apporter une profonde satisfaction. Cela renforce la confiance en soi, la responsabilité personnelle et donne un sentiment de maîtrise.

La liberté et l'autonomie: L'équilibre financier offre une liberté précieuse. Il vous donne le pouvoir de faire des choix basés sur ce que vous désirez réellement, plutôt que sur ce que vos finances vous permettent. Que ce soit pour changer de carrière, prendre un congé sabbatique ou investir dans une nouvelle opportunité, un solide équilibre financier vous donne la latitude nécessaire pour poursuivre vos passions sans la contrainte constante de préoccupations financières.

Les relations et l'équilibre financier: L'argent est souvent une source de tension dans les relations, qu'il s'agisse de partenariats, de famille ou d'amitiés. Les désaccords sur les dépenses, les priorités financières ou les habitudes de consommation peuvent créer des fissures dans les relations les plus solides. En cultivant un équilibre financier, vous pouvez minimiser ces tensions. Cela permet de mettre l'accent sur les aspects les plus importants de la relation, plutôt que de se laisser submerger par les conflits liés à l'argent.

La résilience face aux imprévus: La vie est imprévisible. Des événements tels que des licenciements, des urgences médicales ou des réparations imprévues peuvent survenir à tout moment. Un équilibre financier solide, renforcé par une épargne d'urgence, peut vous offrir la résilience nécessaire pour naviguer à travers ces tempêtes sans être submergé.

La croissance personnelle: L'équilibre financier ne concerne pas seulement les chiffres sur un compte bancaire. Il s'agit d'une croissance personnelle. En prenant le contrôle de vos finances, vous développez des compétences essentielles, telles que la discipline, la planification, la patience et la prise de décision. Ces compétences sont transférables à d'autres domaines de votre vie, renforçant ainsi votre développement personnel.

L'équilibre financier est bien plus qu'une simple question d'argent. Il est intrinsèquement lié à notre bien-être, à notre liberté, à nos relations et à notre croissance personnelle. Dans la quête d'un développement personnel épanouissant, il est essentiel de reconnaître et de valoriser l'importance de cet équilibre. Car, après tout, la vraie richesse ne se mesure pas à la quantité d'argent que l'on possède, mais à la qualité de vie que l'on mène.

Une vie où les choix ne sont pas dictés par les contraintes financières, mais guidés par nos passions, nos aspirations et nos rêves. Dans ce contexte, chercher et maintenir un équilibre financier est une démarche non seulement pragmatique, mais également profondément spirituelle et holistique. Elle nous invite à réfléchir sur ce qui compte réellement, à prioriser nos véritables besoins par rapport à nos désirs éphémères, et à construire un avenir où la sérénité financière sert de tremplin pour réaliser notre plein potentiel.

I.1.3 Les mécanismes sous-jacents de la prospérité

La prospérité est souvent perçue à travers le prisme de la richesse matérielle, des possessions tangibles et du succès professionnel. Au-delà de ces marqueurs visibles, il existe des mécanismes profonds qui façonnent et soutiennent la prospérité véritable. Ces mécanismes, souvent intangibles, sont les fondations sur lesquelles la prospérité durable est construite.

1. La mentalité d'abondance: Au cœur de la prospérité se trouve la mentalité d'abondance. Contrairement à une mentalité de rareté, qui se focalise sur ce qui manque, la mentalité d'abondance reconnaît et célèbre les opportunités, les ressources et les possibilités infinies qui nous entourent. Elle permet d'envisager le monde comme un endroit regorgeant de potentialités plutôt que de limites. Cette perspective favorise l'optimisme, l'ouverture d'esprit et la volonté d'agir malgré les incertitudes.

2. L'apprentissage continu: La prospérité s'appuie sur une soif insatiable de connaissance et d'apprentissage. Les personnes prospères comprennent que le monde évolue constamment et que la capacité d'adaptation est essentielle. Elles investissent donc du temps et des ressources dans l'acquisition de nouvelles compétences, l'exploration de nouvelles idées et l'adaptation à de nouveaux environnements.

3. La connexion et le reseau: La prospérité n'est pas un voyage solitaire. Elle est souvent le résultat d'une synergie entre individus partageant des visions et des objectifs communs. Établir des connexions significatives, réseauter efficacement et entretenir des relations authentiques sont des éléments essentiels de la prospérité. Ces relations peuvent offrir des opportunités, des perspectives et des ressources inestimables.

4. L'intuition et l'écoute de soi: L'intuition, souvent négligée, est un mécanisme puissant sous-jacent à la prospérité. Il s'agit de cette petite voix intérieure qui guide les décisions, souvent basée sur des expériences et des connaissances subconscientes. Écouter et faire confiance à cette intuition, tout en la combinant avec une analyse rationnelle, peut conduire à des décisions éclairées et à des actions stratégiques.

5. La résilience et la perseverance: La prospérité ne vient pas sans défis. Toutefois, la capacité de persévérer face à l'adversité et de rebondir après les échecs est cruciale. La résilience n'est pas innée; elle est cultivée à travers des expériences, des échecs et des réflexions. Les personnes prospères voient les défis comme des opportunités d'apprentissage et de croissance plutôt que comme des obstacles insurmontables.

6. L'alignement des valeurs et de la vision: Un aspect souvent négligé de la prospérité est l'importance de l'alignement des actions avec les valeurs personnelles et la vision à long terme. Cet alignement crée un sentiment de but et de direction, rendant chaque étape du voyage significative et enrichissante. Lorsque les actions et les décisions sont en phase avec ce que l'on considère comme essentiel, la prospérité devient un état d'âme autant qu'un état matériel.

7. La gratitude et la reconnaissance: La gratitude joue un rôle fondamental dans la perception de la prospérité. En reconnaissant et en appréciant les succès, les opportunités et les ressources déjà présents, on crée un état d'esprit positif qui attire davantage de prospérité. La gratitude favorise également des relations saines, une perspective équilibrée et un bien-être global.

8. La générosité et le don: Curieusement, l'un des mécanismes les plus puissants de la prospérité est le don. En partageant des ressources, des connaissances ou du temps avec les autres, on crée un cycle d'abondance. La générosité établit des relations solides, renforce la communauté et offre souvent des retours inattendus.

Les mécanismes sous-jacents de la prospérité dépassent largement les simples possessions matérielles ou le succès visible. Ils résident dans la manière dont les individus perçoivent le monde, interagissent avec les autres, prennent des décisions et alignent leurs actions avec leurs valeurs. En comprenant et en intégrant ces mécanismes, nous pouvons tous accéder à une prospérité authentique et durable.

I.2 Pourquoi certains prospèrent quand d'autres échouent

I.2.1 Les facteurs externes de la réussite financière

Dans le voyage vers la prospérité financière, nombreux sont ceux qui cherchent à découvrir les secrets des personnes prospères. Si les qualités internes, telles que la détermination, la persévérance et la résilience, jouent un rôle clé, il est également essentiel de reconnaître les facteurs externes qui influencent la réussite financière.

1. L'environnement socio-économique: L'un des facteurs les plus évidents qui influence la réussite financière est l'environnement socio-économique dans lequel une personne grandit et évolue. Les individus nés dans des milieux favorisés, avec accès à de meilleures éducations, réseaux et opportunités, ont souvent un avantage. Bien que cela ne garantisse pas la réussite, cela peut fournir une base solide sur laquelle bâtir.

2. L'accès à l'éducation: L'éducation est une passerelle vers de meilleures opportunités professionnelles et une compréhension approfondie de la gestion financière. Les personnes ayant accès à une éducation de qualité ont souvent une longueur d'avance, car elles acquièrent des compétences, des connaissances et des réseaux qui peuvent être inestimables dans leur quête de prospérité.

3. Les réseaux et les connexions: "Ce n'est pas ce que vous savez, mais qui vous connaissez" - ce vieil adage détient une part de vérité. Avoir un réseau solide peut ouvrir des portes à des opportunités qui auraient autrement été inaccessibles. Les mentors, les partenaires d'affaires, les clients ou même les amis peuvent jouer un rôle crucial dans la réalisation des ambitions financières d'une personne.

4. Les opportunités de marché: Le timing est essentiel en affaires. Entrer sur un marché en plein essor ou reconnaître une niche non exploitée peut propulser une entreprise vers le succès. D'autre part, même les entreprises les mieux gérées peuvent lutter si le marché est en déclin ou saturé. La capacité à identifier et à capitaliser sur les bonnes opportunités de marché est un facteur externe majeur de réussite financière.

5. L'accès au capital: La capacité à obtenir des financements, que ce soit par le biais de prêts, d'investisseurs ou d'autres moyens, peut être un déterminant clé du succès, en particulier pour les entrepreneurs. Avec le capital nécessaire, une entreprise peut investir dans des ressources, de la technologie ou du marketing pour stimuler sa croissance.

6. La stabilité politique et économique: L'environnement macroéconomique a une influence énorme sur la réussite financière. Dans les régions où la stabilité politique et économique prévaut, les entreprises et les individus peuvent planifier l'avenir avec une plus grande certitude. En revanche, dans les zones de conflit ou d'instabilité économique, la prospérité peut être plus difficile à atteindre.

7. La culture et les normes sociétales: La culture d'une société influence la manière dont les affaires sont menées, la valeur accordée à l'entrepreneuriat et même la disposition à prendre des risques. Dans certaines cultures, l'échec est vu comme une expérience d'apprentissage, tandis que dans d'autres, il peut être stigmatisé. De telles nuances culturelles peuvent influencer la manière dont les individus abordent la poursuite de la prospérité.

8. Les technologies et l'infrastructure: Vivre dans une société avec un accès facile à la technologie de pointe, à une bonne infrastructure et à des ressources peut considérablement influencer la réussite financière. Ces éléments peuvent améliorer l'efficacité, ouvrir de nouveaux marchés et réduire les coûts, favorisant ainsi la croissance et la prospérité.

9. Les régulations et les politiques gouvernementales: Le cadre réglementaire dans lequel une entreprise opère peut soit faciliter, soit entraver sa croissance. Les politiques gouvernementales favorables, telles que des incitations fiscales pour les startups ou un cadre réglementaire simplifié, peuvent stimuler l'entrepreneuriat et la croissance économique.

Alors que la réussite financière est sans aucun doute influencée par les traits personnels et les décisions individuelles, elle est également profondément enracinée dans un ensemble complexe de facteurs externes. En reconnaissant et en naviguant habilement à travers ces facteurs, les individus peuvent maximiser leurs chances de prospérité dans le vaste monde de la finance.

I.2.2 Les facteurs internes de la réussite financière

Si les circonstances extérieures peuvent grandement influencer notre capacité à prospérer financièrement, les facteurs internes, ces traits et habitudes personnels, jouent un rôle tout aussi décisif. Comprendre ces éléments internes et travailler à les développer peut souvent faire la différence entre l'aisance financière et les défis constants.

1. La mentalité de croissance: Au cœur de la réussite financière réside une mentalité de croissance. Les individus dotés de cette mentalité croient en leur capacité à apprendre, à grandir et à s'améliorer constamment. Ils voient les défis comme des opportunités de croissance, et non comme des obstacles insurmontables, ce qui les conduit à persévérer malgré les échecs et les revers.

2. La discipline financière: La discipline est un pilier de la santé financière. Cela signifie vivre en dessous de ses moyens, économiser régulièrement, éviter les dettes inutiles et investir judicieusement. Sans discipline, même les revenus les plus élevés peuvent mener à des situations financières précaires.

3. La prise de décision informée: Les individus financièrement prospères ne prennent pas de décisions à la légère. Ils recherchent, analysent et pèsent les risques avant de s'engager dans des investissements ou des entreprises. Cette approche réfléchie minimise les erreurs coûteuses et maximise les chances de succès.

4. La resilience: Face à l'incertitude et à l'échec, la résilience est essentielle. Les revers financiers sont inévitables, mais la capacité à se relever, à apprendre de ses erreurs et à avancer avec une détermination renouvelée est un trait distinctif des personnes financièrement réussies.

5. L'auto-éducation: Le monde financier est en constante évolution. Les personnes prospères investissent du temps et des ressources dans leur éducation financière, restant ainsi à jour sur les tendances du marché, les nouvelles opportunités et les meilleures stratégies d'investissement.

6. La vision à long terme: Plutôt que de chercher des gains rapides, ceux qui réussissent financièrement ont tendance à adopter une perspective à long terme. Ils comprennent que la richesse véritable ne se construit pas du jour au lendemain, mais résulte d'années de travail acharné, d'investissements judicieux et de patience.

7. L'intuition et l'instinct: Bien que l'analyse et la recherche soient essentielles, parfois les décisions financières réussies se réduisent à suivre son intuition. Cultiver et faire confiance à ses instincts, tout en les équilibrant avec une analyse logique, peut mener à des opportunités inattendues.

8. La gestion du risqué: La réussite financière ne vient pas sans risque. Toutefois, les personnes prospères sont des maîtres dans l'art de la gestion du risque. Plutôt que d'éviter complètement le risque, ils apprennent à l'évaluer, à le quantifier et à le minimiser.

9. L'entourage: Même s'il s'agit d'un élément interne, l'entourage joue un rôle crucial dans la manière dont nous percevons et gérons nos finances. S'entourer de personnes qui partagent des aspirations financières similaires peut renforcer la discipline, offrir des conseils et encourager lors des moments difficiles.

10. L'estime de soi et la valeur personnelle: Croyez en vous et en votre valeur. Ceux qui se sous-estiment peuvent passer à côté d'opportunités ou accepter moins que ce qu'ils valent. En revanche, une saine estime de soi conduit à des négociations plus fortes, à saisir des opportunités audacieuses et à défendre sa valeur dans le monde professionnel et financier.

Tandis que le monde extérieur présente des opportunités et des obstacles, la véritable clé de la réussite financière se trouve souvent à l'intérieur. En cultivant ces traits et habitudes internes, tout individu peut forger son chemin vers la prospérité, indépendamment des circonstances extérieures. C'est une combinaison de préparation intérieure et d'opportunité externe qui mène finalement à une véritable prospérité financière.

I.2.3 Les mythes entourant la richesse

La richesse, avec son éclat et sa promesse de confort, a toujours été l'objet de fascination et d'envie. Mais cette fascination est souvent entourée de malentendus et de mythes. Ces idées préconçues peuvent entraver notre perception de la richesse et notre quête pour l'atteindre. Démystifions certains de ces mythes.

1. La richesse est une question de chance: L'un des mythes les plus courants est que la richesse est le résultat de la chance pure. Si bien sûr, certains individus héritent de leur fortune ou bénéficient d'une coïncidence heureuse, la plupart des personnes aisées ont travaillé dur, fait des sacrifices et pris des décisions éclairées pour en arriver là.

2. Seuls les avares deviennent riches: Il est courant de croire que pour accumuler de la richesse, on doit être avare ou mesquin. En réalité, de nombreux individus fortunés sont également très généreux et croient fermement à la redistribution de leur fortune à travers des œuvres philanthropiques.

3. La richesse mène nécessairement au bonheur: Si l'argent peut certainement faciliter de nombreux aspects de la vie, il ne garantit pas le bonheur. Il est essentiel de comprendre que la richesse est un outil. C'est la manière dont on l'utilise, et non sa simple possession, qui peut contribuer au bien-être.

4. L'argent est la racine de tous les maux: Ce vieux dicton, souvent mal interprété, suggère que l'argent lui-même est mauvais. En réalité, c'est l'amour ou l'obsession de l'argent, au détriment d'autres valeurs, qui peut conduire à des comportements répréhensibles.

5. La richesse est réservée à une élite: Avec les images constantes de milliardaires et de célébrités, il est facile de penser que la richesse est inaccessible. De nombreuses personnes ont bâti leur fortune à partir de rien, grâce à l'entreprise, à l'investissement et à la persévérance.

6. Les riches ne travaillent pas dur: Il y a une idée fausse que ceux qui sont riches passent leurs journées à se détendre sans travailler. Bien que cela puisse être vrai pour quelques privilégiés, la majorité des personnes fortunées travaillent incroyablement dur, souvent bien plus que la moyenne.

7. On doit prendre des risques énormes pour devenir riche: Si le risque calculé est souvent une partie du jeu financier, cela ne signifie pas qu'il faille faire des paris insensés. La plupart des personnes prospères cherchent à minimiser leurs risques tout en maximisant leurs rendements.

8. La richesse est immorale ou non éthique: L'idée que l'on ne peut devenir riche qu'en étant malhonnête est non seulement fausse, mais elle peut aussi être décourageante. De nombreuses personnes fortunées ont bâti leur patrimoine en offrant de la valeur, en servant leurs communautés et en agissant avec intégrité.

9. Tout argent gagné rapidement sera perdu rapidement: Alors qu'il est vrai que certaines fortunes **"rapides"** peuvent disparaître aussi vite qu'elles sont apparues, ce n'est pas une règle universelle. Avec une gestion judicieuse, même l'argent gagné rapidement peut être préservé et cultivé.

10. Les riches sont instruits dans des écoles prestigieuses: Bien que l'éducation puisse être un avantage, de nombreux individus fortunés n'ont pas suivi d'éducation formelle ou n'ont pas fréquenté des écoles de renom. La passion, la détermination et l'ingéniosité sont souvent plus indicatives de la réussite financière que le pedigree éducatif.

Les mythes sur la richesse sont aussi nombreux que variés, et ils peuvent fausser notre perception de l'argent et de ceux qui en ont. En reconnaissant et en rejetant ces mythes, nous pouvons avoir une vision plus claire et plus réaliste de ce qu'est réellement la richesse et de ce qu'elle exige pour être obtenue. Plus important encore, en démantelant ces idées fausses, nous nous ouvrons à une compréhension authentique de la richesse qui va au-delà des simples chiffres.

Cette perspective nous permet de reconnaître que la véritable prospérité ne se mesure pas seulement à l'abondance matérielle, mais aussi à la qualité de nos relations, à la réalisation de nos passions, et à l'impact positif que nous pouvons avoir sur le monde qui nous entoure. C'est en établissant une relation saine et équilibrée avec l'argent, dénuée de préjugés et de mythes, que nous pouvons vraiment aspirer à une vie riche dans tous les sens du terme.

I.3 Objectif du livre

I.3.1 Exposer les secrets des personnes financièrement prospères

Dans le labyrinthe de la vie financière, il y a des individus qui semblent avoir trouvé le chemin d'or vers la prospérité. Leurs succès semblent souvent mystérieux, presque ésotériques pour l'observateur extérieur. C'est un mythe courant que ces personnes ont découvert un secret bien gardé ou qu'elles sont simplement nées sous une étoile chanceuse. Si l'on regarde de plus près, on s'aperçoit que ces individus partagent un ensemble de principes et de comportements qui les ont guidés vers le sommet. Ce chapitre vise à dévoiler ces **"secrets"** des personnes financièrement prospères.

1. La vision claire et définie: La prospérité financière ne résulte pas d'un désir vague d'être riche. Elle est le fruit d'une vision précise de ce que l'on veut réaliser. Cela pourrait être la liberté financière à 40 ans, posséder une entreprise prospère ou tout autre objectif clairement défini. Cette vision agit comme une boussole, orientant chaque décision financière.

2. La discipline financière: L'un des secrets les plus importants est la capacité à gérer ses finances avec discipline. Cela signifie vivre en dessous de ses moyens, épargner régulièrement, et éviter les dettes inutiles. La discipline financière est la fondation sur laquelle la richesse est construite.

3. L'éducation financière continue: Les personnes prospères comprennent l'importance de l'apprentissage continu. Elles sont toujours à la recherche de nouvelles informations et stratégies pour améliorer leur situation financière, que ce soit à travers des livres, des séminaires, ou des consultations avec des experts.

4. L'importance du reseau: L'adage "dites-moi qui vous fréquentez, je vous dirai qui vous êtes" prend tout son sens ici. S'entourer de personnes partageant les mêmes idées, motivées et bien informées, peut fournir soutien, opportunités et perspective.

5. L'investissement judicieux: Elles adoptent une approche réfléchie de leur gestion financière, en privilégiant l'investissement sur la dépense impulsive. Elles comprennent les principes de diversification et recherchent des conseils professionnels lorsque nécessaire.

6. La résilience face à l'échec: L'échec est souvent une étape sur la voie du succès financier. Plutôt que de se laisser décourager, ces individus apprennent de leurs erreurs, ajustent leur stratégie, et continuent d'avancer avec une détermination renouvelée.

7. L'intégrité financière: Construire de la richesse n'est pas simplement une question de chiffres; c'est aussi une question de caractère. Les personnes prospères comprennent que l'intégrité et la confiance sont essentielles à long terme. Elles évitent les raccourcis douteux en faveur de pratiques commerciales éthiques.

8. La capacité d'adaptation: Le paysage financier évolue constamment. Ce qui fonctionnait hier peut ne pas fonctionner aujourd'hui. Les personnes financièrement prospères sont flexibles, prêtes à s'adapter aux nouvelles réalités et à pivoter en fonction des circonstances.

9. La gratitude et la philanthropie: Beaucoup de ceux qui ont atteint la prospérité reconnaissent l'importance de redonner. Ils comprennent que la vraie richesse va au-delà des biens matériels, et cherchent à avoir un impact positif sur le monde qui les entoure.

10. L'équilibre entre travail et vie personnelle: Si l'ambition et le travail acharné sont essentiels, les personnes prospères reconnaissent également l'importance de prendre du temps pour elles-mêmes, leur famille et leurs loisirs. Cet équilibre les aide à rester centrés, motivés et en bonne santé.

Les "**secrets**" des personnes financièrement prospères ne sont pas vraiment des secrets. Ce sont plutôt des principes intemporels, des comportements et des attitudes qui, lorsqu'ils sont appliqués de manière cohérente, mènent à la réussite financière. Ce livre aspire à illuminer ces principes, non seulement pour éduquer, mais aussi pour inspirer et équiper chaque lecteur à emprunter sa propre voie vers la prospérité.

I.3.2 Fournir un guide pratique pour adopter ces habitudes

Un adage populaire dit que la richesse est moins une question d'argent que d'état d'esprit. Mais comment cultiver cet état d'esprit? Une fois que nous avons mis en lumière les secrets des personnes financièrement prospères, comment pouvons-nous incorporer ces principes dans nos vies? Cette section du livre se consacre à fournir un guide pratique pour adopter et intégrer ces habitudes de prospérité.

1. Auto-évaluation initiale: Avant d'adopter de nouvelles habitudes, il est essentiel d'évaluer où vous en êtes actuellement. Posez-vous les questions suivantes:

Quelles sont mes croyances actuelles sur l'argent et la richesse?
Quelles habitudes financières ont influencé ma situation actuelle?
Suis-je satisfait de ma trajectoire financière actuelle?

2. Fixation d'objectifs financiers clairs: Une vision claire est le fondement de tout succès financier. Réfléchissez à ce que vous souhaitez réaliser financièrement à court, moyen et long terme. Assurez-vous que vos objectifs sont SMART: Spécifiques, Mesurables, Atteignables, Réalistes et Temporellement définis.

3. Créez un budget et respectez-le: Un budget est un plan financier qui trace où va votre argent. Il peut vous aider à identifier les fuites financières et à prioriser vos dépenses. Examinez votre budget régulièrement et ajustez-le en fonction de vos besoins et objectifs.

4. Éducation financière continue: Inscrivez-vous à des séminaires, lisez des livres et écoutez des podcasts sur la finance. Le monde financier évolue constamment, et rester informé est essentiel pour prendre des décisions éclairées.

5. Entourez-vous des bonnes personnes: Comme mentionné précédemment, votre réseau peut influencer grandement votre succès financier. Cherchez des mentors, adhérez à des groupes ou clubs financiers et échangez régulièrement avec des personnes qui partagent vos aspirations financières.

6. Commencez petit: Ne vous sentez pas submergé par le besoin de tout changer à la fois. Adoptez une habitude à la fois, maîtrisez-la, puis passez à la suivante. Si vous n'avez pas l'habitude d'épargner, commencez par mettre de côté une petite somme chaque mois.

7. Cultivez une mentalité de croissance: Transformez vos échecs en tremplins pour progresser. Croyez en votre capacité à évoluer, à apprendre et à vous améliorer avec le temps.

8. La routine matinale: De nombreuses personnes prospères ont une routine matinale qui les met dans un état d'esprit positif pour la journée. Cela pourrait inclure la méditation, la lecture, l'exercice ou toute autre activité qui vous centre.

9. Prenez soin de votre santé: Il est difficile de se concentrer sur la prospérité financière si vous êtes constamment malade ou fatigué. Une alimentation équilibrée, l'exercice régulier et un sommeil suffisant sont essentiels pour maintenir une énergie optimale.

10. Pratiquez la gratitude: Prenez un moment chaque jour pour réfléchir à ce pour quoi vous êtes reconnaissant. Cette habitude peut transformer votre perspective, vous éloignant de la mentalité de manque et vous rapprochant d'une mentalité d'abondance.

11. Revue régulière: Chaque mois ou trimestre, prenez le temps d'examiner vos progrès. Célébrez vos victoires, identifiez les domaines d'amélioration et ajustez vos actions en conséquence.

La prospérité financière est un parcours semé d'embûches, mais avec les bons outils, comme ce guide, et de la détermination, l'atteinte de la richesse devient un objectif réalisable. Chaque réussite débute par une action, et avec persévérance, la prospérité est à portée de main.

I.3.3 Encourager un changement de mentalité vis-à-vis de l'argent

La mentalité avec laquelle nous abordons l'argent joue un rôle déterminant dans notre capacité à accumuler de la richesse. Malheureusement, de nombreuses personnes sont conditionnées par des croyances limitatives à propos de l'argent depuis leur plus jeune âge. Il est donc impératif d'encourager un changement de mentalité pour ouvrir la voie à la prospérité.

1. Reconnaître les croyances limitantes: Le premier pas vers un changement de mentalité est de reconnaître et de déconstruire les croyances limitatives que nous entretenons sur l'argent. Des phrases comme **"L'argent est la racine de tous les maux"** ou **"Il est difficile pour un riche d'entrer au royaume des cieux"** peuvent inconsciemment influencer notre rapport à l'argent. Il est crucial d'identifier ces croyances pour pouvoir les défier.

2. L'argent comme outil: Il est essentiel de comprendre que l'argent en lui-même n'est ni bon ni mauvais. C'est un outil. Comme tout outil, il peut être utilisé pour construire ou détruire. L'argent peut servir à améliorer sa qualité de vie, aider les autres, soutenir des causes philanthropiques ou réaliser des projets personnels.

3. Se distancer des comparaisons: À l'ère des médias sociaux, il est facile de se comparer aux autres et de mesurer notre succès financier en fonction de ce que nous voyons en ligne. Ces comparaisons sont souvent trompeuses et peuvent mener à des sentiments d'insuffisance.

Il est vital d'évaluer sa situation financière sur ses propres mérites et objectifs, plutôt que par rapport à autrui.

4. L'abondance vs la mentalité de manque: Il existe deux mentalités principales concernant l'argent: celle de l'abondance et celle du manque. La mentalité de l'abondance se concentre sur les possibilités et croit que l'argent est abondant et accessible. En revanche, la mentalité de manque se focalise sur les limitations et voit l'argent comme une ressource limitée. Cultiver une mentalité d'abondance est essentiel pour attirer la prospérité.

5. Investissement en soi: La meilleure investissement que vous puissiez faire est en vous-même. Que ce soit en éducation, en développement personnel ou en bien-être, investir en soi augmente la valeur intrinsèque et, par conséquent, le potentiel de gain. Cela nécessite de voir l'argent comme un moyen d'accroître sa propre valeur.

6. La gratitude et l'argent: Pratiquer la gratitude peut radicalement changer notre perception de l'argent. En étant reconnaissant pour ce que nous avons déjà, nous reconnaissons la valeur présente dans nos vies et ouvrons la porte à davantage d'abondance.

7. Se donner la permission d'être prospère: Cela peut sembler étrange, mais de nombreuses personnes ont du mal à se donner la permission de prospérer. Cela découle souvent de croyances profondément enracinées sur ce que signifie être riche. Il est crucial de comprendre que désirer la prospérité et la réussite financière est non seulement acceptable mais louable.

8. L'importance de la générosité: Une mentalité saine vis-à-vis de l'argent reconnaît également l'importance de la générosité. Donner aux autres, que ce soit sous forme de temps, d'argent ou de ressources, crée un cycle d'abondance dans lequel donner et recevoir deviennent intrinsèquement liés.

9. La flexibilité financière: Plutôt que de se concentrer uniquement sur l'accumulation d'argent, il est sage de valoriser la flexibilité financière: la capacité d'adapter ses finances aux changements et aux opportunités qui se présentent.

10. Chercher des mentors: Entourez-vous de personnes qui ont une relation saine avec l'argent. Apprenez d'eux, demandez-leur conseil et laissez leur mentalité influencer la vôtre. Les modèles jouent un rôle essentiel dans le façonnement de notre mentalité.

Changer sa mentalité vis-à-vis de l'argent est un voyage, pas une destination. Il requiert une introspection constante, une éducation continue et une volonté d'embrasser des perspectives nouvelles et plus constructives. Ce livre vise à être un compagnon dans ce voyage, offrant des outils et des perspectives pour aider à façonner une relation plus saine et plus enrichissante avec l'argent.

CHAPITRE 1: PENSER À LONG TERME PLUTÔT QU'À COURT TERME

1.1 La vision à long terme

1.1.1 Les bénéfices d'une pensée à long terme

Le monde moderne est marqué par une agitation constante, des distractions omniprésentes et un flot ininterrompu d'informations. Dans ce contexte, il est courant de privilégier le court terme: que manger ce soir, quel film regarder, quel article acheter lors des soldes... Cette tendance à se focaliser sur l'immédiat a également des répercussions sur nos finances. Ceux qui ont acquis une véritable prospérité savent que l'une des clés de leur succès est une vision à long terme. Pourquoi cette pensée à long terme est-elle si bénéfique? Explorons ensemble les avantages.

Anticipation et Préparation: Une vision à long terme vous permet d'anticiper les opportunités et les défis. En regardant au-delà de l'horizon immédiat, vous pouvez vous préparer aux éventualités futures. Si vous savez que vous voulez acheter une maison dans dix ans, vous commencerez à économiser et à investir dès aujourd'hui, assurant ainsi un avenir financier stable.

Réduction du stress: Si votre attention est constamment tournée vers le court terme, chaque imprévu peut devenir une source de stress. En revanche, une approche à long terme vous donne la sérénité de savoir que vous êtes sur la bonne voie, même si vous rencontrez des obstacles temporaires.

Meilleure prise de décision: Lorsque vous avez une perspective à long terme, vos décisions sont souvent plus réfléchies. Vous ne vous laissez pas influencer par des émotions passagères ou par des tendances éphémères. Au lieu d'acheter des actions sur un coup de tête en raison d'une tendance actuelle, vous ferez des recherches approfondies et investirez dans des entreprises solides qui ont un potentiel de croissance à long terme.

Croissance et épanouissement personnel: Adopter une vision à long terme vous pousse à vous fixer des objectifs plus grands et plus audacieux. Ces défis, bien que difficiles, sont souvent sources de croissance et d'apprentissage. En travaillant vers un objectif à long terme, vous vous exposez à de nouvelles expériences, développez de nouvelles compétences et, finalement, vous vous découvrez vous-même.

Stabilité financière: Un des principaux avantages de la pensée à long terme est la stabilité financière. Au lieu de dépenser impulsivement, vous faites des choix d'investissement judicieux, prévoyez pour la retraite, et résistez aux tentations de gratifications immédiates qui peuvent saboter votre avenir financier.

Création d'un héritage: Lorsque vous adoptez une perspective à long terme, vous ne pensez pas seulement à vous-même, mais aussi aux générations futures. Que ce soit par la création d'une entreprise, l'investissement dans l'éducation de vos enfants ou la constitution d'un patrimoine, votre vision contribue à laisser un héritage durable.

Établissement d'une réputation solide: En affaires et dans la vie personnelle, la constance et la fiabilité sont hautement valorisées. Si vous êtes constamment en train de changer d'avis ou de sauter d'une opportunité à l'autre, il peut être difficile pour les autres de vous faire confiance. En revanche, une vision à long terme montre que vous êtes engagé, fiable et digne de confiance.

Prenons l'exemple de Warren Buffett, l'un des investisseurs les plus prospères de tous les temps. Sa stratégie d'investissement repose sur la recherche d'entreprises de qualité qu'il peut acheter et conserver indéfiniment. Il ne s'intéresse pas aux fluctuations du marché à court terme, mais se concentre plutôt sur la valeur intrinsèque d'une entreprise à long terme. Cette approche lui a permis d'amasser une fortune considérable et d'établir une réputation de génie de l'investissement.

Dans un monde dominé par la gratification instantanée, choisir la voie de la pensée à long terme peut sembler contre-intuitif. Comme nous l'avons vu, c'est cette vision qui mène à la véritable prospérité. Elle offre non seulement des avantages financiers, mais contribue également à un épanouissement personnel, à la création d'un héritage et à la construction d'une réputation solide.

1.1.2 Les pièges de la gratification immédiate

L'époque contemporaine est souvent qualifiée d'ère de la gratification instantanée. À l'aide d'une simple pression sur un écran, nous pouvons recevoir des produits directement à notre porte, visionner des séries en continu ou obtenir des réponses à nos questions en quelques secondes. Si ces progrès offrent des avantages indéniables en termes de commodité et d'efficacité, ils ont également engendré une culture où l'immédiateté est reine, et où attendre est souvent considéré comme une perte de temps. Mais quel est le coût réel de cette quête constante de gratification immédiate, en particulier sur le plan financier?

Impulsivité et mauvaises décisions: L'un des dangers les plus flagrants de la gratification immédiate est l'impulsivité. Cette dernière peut conduire à des décisions financières hâtives, sans réflexion ni considération des conséquences à long terme. Des achats compulsifs peuvent entraîner des dettes inutiles, compromettant la capacité d'épargne et d'investissement sur le long terme.

Endettement: Avec la facilité d'accès au crédit, il est tentant de céder à ses désirs immédiats. Or, cette facilité peut rapidement se transformer en une spirale d'endettement. Les taux d'intérêt accumulés sur des achats impulsifs peuvent mettre des années à être remboursés, surtout si l'on ne prend pas conscience de l'ampleur du problème à temps.

Manque d'appréciation: Lorsque nous obtenons ce que nous voulons instantanément, sans effort ni attente, nous tendons à moins apprécier ces acquisitions. La valeur intrinsèque de ce que nous possédons peut être minimisée, ce qui peut conduire à un cycle de consommation perpétuelle sans véritable satisfaction.

Sacrifier le futur pour le présent: Céder constamment à la gratification immédiate signifie souvent sacrifier des avantages futurs. Dépenser un bonus sur une escapade luxueuse au lieu d'investir cet argent peut procurer un plaisir immédiat, mais prive de bénéfices futurs que cet investissement aurait pu engendrer.

Érosion de la discipline et de la patience: La capacité à retarder la gratification est un signe de maîtrise de soi et de discipline. En cédant continuellement à l'immédiateté, nous risquons d'éroder ces qualités essentielles, ce qui peut avoir des répercussions dans d'autres domaines de notre vie, comme la santé, l'éducation ou les relations.

Prenons l'exemple de l'expérience du **"marshmallow"**, une étude célèbre en psychologie. Des enfants avaient le choix entre manger un marshmallow immédiatement ou attendre 15 minutes et en recevoir deux. Les résultats à long terme de cette étude ont montré que les enfants qui avaient réussi à retarder leur gratification présentaient de meilleures performances académiques, une meilleure santé et d'autres indicateurs positifs à l'âge adulte. Cette étude illustre la valeur intrinsèque de la patience et des bénéfices à long terme.

Alors, comment résister aux pièges de la gratification immédiate?

Conscience et réflexion: Prendre un moment pour réfléchir avant d'agir est crucial. Posez-vous des questions sur la nécessité réelle de l'achat ou de l'action envisagée et sur les conséquences futures.

Budgeting: Avoir un budget clair et s'y tenir permet d'éviter les dépenses impulsives. Cela donne également une vision claire de vos finances et de vos objectifs à long terme.

Se rappeler ses objectifs: Garder en tête vos objectifs financiers à long terme peut aider à résister aux tentations à court terme. Visualisez votre futur désiré, que ce soit une maison, un voyage, ou une retraite paisible.

Éviter les tentations: Si vous savez que vous êtes sujet aux achats impulsifs, évitez les lieux ou les sites qui vous poussent à consommer. Définissez des limites claires pour vous-même.

Bien que la gratification immédiate soit séduisante et omniprésente dans notre société actuelle, elle comporte de nombreux pièges, en particulier sur le plan financier. Apprendre à résister à ces tentations et à privilégier le long terme plutôt que le court terme est une compétence essentielle pour une santé financière robuste. En cultivant la patience, la discipline et la vision à long terme, nous nous positionnons non seulement pour une prospérité financière durable, mais aussi pour une satisfaction et une réalisation personnelles plus profondes. L'art de retarder la gratification est un investissement en soi, dont les rendements se manifestent dans tous les domaines de la vie, enrichissant notre expérience globale et nous conduisant vers un futur plus épanouissant et sécurisé.

1.1.3 Cultiver une mentalité d'investisseur

La mentalité d'investisseur est bien plus qu'une simple approche des finances. Elle est une philosophie de vie qui privilégie le long terme, l'analyse approfondie et la patience. Contrairement à la mentalité de consommateur, centrée sur la gratification immédiate, la mentalité d'investisseur cherche à maximiser la valeur sur le long terme. Voici comment cultiver cette mentalité pour récolter les fruits de vos efforts futurs.

Comprendre la valeur du temps: Un investisseur sait que le temps est son meilleur allié. Grâce à la puissance des intérêts composés, un investissement, même modeste, peut croître exponentiellement au fil du temps. Prenons l'exemple d'un jeune adulte qui investit 1 000€ à un taux de rendement annuel de 7%. En 40 ans, sans ajout supplémentaire, cet investissement vaudra plus de 15 000€.

Rechercher l'éducation financière: Un investisseur averti se tient informé. Lisez des livres, assistez à des séminaires, suivez des formations. Des figures telles que Warren Buffett, un des plus grands investisseurs de tous les temps, mettent l'accent sur l'importance de l'éducation continue.

Éviter les décisions émotionnelles: Les marchés financiers fluctuent. Un investisseur avisé sait qu'il ne doit pas prendre de décisions basées sur la peur ou la cupidité. Il adopte une démarche méthodique, en s'appuyant sur des faits et des données concrètes.

Diversification: Ne mettez pas tous vos œufs dans le même panier. Un investisseur intelligent diversifie ses investissements pour minimiser les risques. Cette diversification peut se faire à travers différents types d'actifs ou différentes régions géographiques.

Investir en soi: Peut-être l'investissement le plus rentable de tous est l'investissement en soi. Cela peut être à travers l'éducation, le développement des compétences, ou même la santé physique et mentale. Apprendre une nouvelle langue ou une nouvelle compétence peut ouvrir des portes à de nouvelles opportunités professionnelles.

Être patient et cohérent: Rome ne s'est pas construite en un jour, et la richesse ne l'est généralement pas non plus. La cohérence dans vos investissements et la patience peuvent être des facteurs clés de succès. Un investisseur ne cherche pas à **"battre le marché"** à chaque occasion, mais plutôt à voir ses investissements croître de manière stable sur le long terme.

Recherche de valeur: L'investisseur se concentre sur la recherche d'actifs offrant un potentiel de rendement supérieur à leur valeur actuelle. Cela signifie investir dans des actifs qu'il considère sous-évalués par le marché. Cette approche nécessite une analyse approfondie et une vision à long terme.

Cultiver un réseau: Entourez-vous de personnes qui partagent une mentalité d'investisseur. Leur expérience et leurs conseils peuvent être inestimables. Un réseau solide peut également présenter des opportunités d'investissement que vous n'auriez pas découvertes autrement.

Comprendre le risque: Tout investissement comporte des risques. Un investisseur averti comprend ces risques et sait comment les gérer. Cela ne signifie pas éviter tout risque, mais plutôt savoir comment le quantifier et décider quel niveau de risque est acceptable.

Être responsable: Prenez en charge vos décisions d'investissement. Si vous faites appel à un conseiller financier, assurez-vous de comprendre où et pourquoi votre argent est investi. Votre futur financier est entre vos mains, et personne d'autre ne se souciera autant de votre argent que vous.

Adopter une mentalité d'investisseur signifie embrasser une vision à long terme, s'éduquer constamment et prendre des décisions réfléchies et équilibrées. C'est une approche qui va bien au-delà des finances, influençant chaque décision de vie, grande ou petite. Dans un monde axé sur l'immédiateté, prendre le temps d'investir pour l'avenir peut sembler contre-intuitif.

C'est précisément cette différenciation qui place les investisseurs avisés en avance sur le reste du peloton. En résistant aux séductions du présent et en se concentrant sur les potentielles récompenses du futur, la mentalité d'investisseur prépare le terrain pour une prospérité durable et une tranquillité d'esprit. Elle nous rappelle que les vraies richesses ne se mesurent pas seulement en termes monétaires, mais également en connaissances, en expériences et en sagesse accumulée. Adopter cette mentalité, c'est choisir un chemin moins emprunté, mais qui mène à des horizons plus vastes et plus enrichissants.

1.2 La patience: clé de la réussite financière

1.2.1 Comprendre la valeur du temps en finance

Le temps est l'une des ressources les plus précieuses, et dans le monde de la finance, il prend une dimension encore plus cruciale. Comprendre la valeur du temps en matière financière est un aspect fondamental pour quiconque souhaite construire une richesse durable.

Le principe des intérêts composés: Albert Einstein aurait dit: "**Les intérêts composés sont la huitième merveille du monde. Celui qui comprend gagne, celui qui ne comprend pas paie.**" Ce concept simple mais puissant signifie que le montant que vous investissez génère des intérêts, et ces intérêts génèrent à leur tour des intérêts.

Prenons un exemple: si vous investissez 10 000€ avec un rendement annuel de 5%, au bout d'un an, vous aurez 10 500€. Si vous laissez cet argent investi, la deuxième année, vous gagnerez 5% non seulement sur vos 10 000€ initiaux, mais aussi sur les 500€ d'intérêts, soit un total de 11 025€. Cette croissance exponentielle s'accélère avec le temps, d'où l'importance de commencer à investir tôt et de laisser vos investissements croître.

L'importance de commencer tôt: Deux personnes peuvent investir le même montant total tout au long de leur vie, mais celle qui commence plus tôt bénéficiera beaucoup plus des intérêts composés. Imaginons deux individus, Alice et Bob. Alice commence à investir 200€ par mois à l'âge de 25 ans et s'arrête à 35 ans, tandis que Bob commence à 35 ans et investit jusqu'à 65 ans. Même si Bob investit pendant 30 ans et Alice seulement 10 ans, à 65 ans, grâce à la puissance des intérêts composés, Alice aura accumulé un montant supérieur.

Le coût d'opportunité: Chaque fois que vous dépensez de l'argent, il y a un coût d'opportunité associé. Si, vous dépensez 1 000€ pour des vacances plutôt que de les investir, vous ne perdez pas seulement 1 000€, mais aussi tous les rendements futurs que cet argent aurait pu générer. Lorsque l'on considère la valeur du temps en finance, il est essentiel de prendre en compte ces coûts d'opportunité.

La patience face à la volatilité: Les marchés financiers sont, par nature, volatils. Sur le long terme, la tendance générale des marchés d'actions a été à la hausse. Une personne patiente qui résiste à la tentation de vendre lors d'une baisse du marché, et qui, au contraire, voit cela comme une opportunité d'achat, peut souvent bénéficier de rendements plus élevés à long terme.

L'effet de l'inflation: L'inflation est la hausse générale des prix et la perte de pouvoir d'achat de la monnaie. Un euro aujourd'hui ne vaut pas la même chose qu'un euro dans dix ans. Lorsque vous planifiez vos investissements, il est crucial de tenir compte de l'inflation. Si vous placez votre argent dans un compte d'épargne avec un rendement de 2% mais que l'inflation est de 3%, vous perdez effectivement du pouvoir d'achat chaque année.

Les sacrifices à court terme pour des gains à long terme: La valeur du temps en finance signifie aussi reconnaître que des sacrifices temporaires peuvent conduire à des récompenses beaucoup plus grandes à l'avenir. Réduire vos dépenses non essentielles aujourd'hui et investir cet argent peut signifier une retraite plus confortable, la possibilité de voyager, ou même une indépendance financière précoce.

La patience dans l'apprentissage: Tout comme les rendements financiers, l'éducation financière est un investissement à long terme. Il se peut que vous ne compreniez pas tous les concepts immédiatement, mais avec le temps et la persévérance, votre compréhension s'approfondira, et votre confiance augmentera, vous permettant de prendre des décisions financières plus éclairées.

Comprendre la valeur du temps en finance est essentiel pour quiconque souhaite maximiser ses chances de prospérité à long terme. C'est une notion qui englobe la patience, la persévérance et la vision à long terme, tout en reconnaissant les avantages immenses de démarrer tôt, de capitaliser sur les intérêts composés et d'éviter les pièges de la gratification instantanée. En cultivant cette perspective et en appréciant profondément l'impact du temps sur nos finances, nous nous positionnons non seulement pour une croissance financière accrue, mais aussi pour une sérénité et une confiance accrues dans nos décisions financières. C'est en armant notre esprit de cette connaissance et en la mettant en pratique que nous pouvons véritablement naviguer sur le chemin de la richesse durable et du bien-être financier.

1.2.2 La force de l'intérêt composé

L'intérêt composé est souvent décrit comme la huitième merveille du monde. C'est une force invisible mais puissante qui peut transformer de petites sommes d'argent en vastes fortunes, à condition qu'elles soient données suffisamment de temps pour travailler. Mais qu'est-ce que l'intérêt composé et pourquoi est-il si puissant?

La base de l'intérêt composé: L'intérêt composé est l'intérêt calculé sur le principal initial, qui inclut également tous les intérêts accumulés précédemment d'un dépôt ou d'un prêt. Pensez-y comme un effet boule de neige: plus vous laissez la neige rouler, plus la boule devient grande et plus elle accumule de neige à chaque tour.

Exemple simple: Imaginez que vous investissiez 1000€ avec un taux d'intérêt annuel de 10%. Après la première année, vous gagneriez 100€ d'intérêt (10% de 1000€). Si cet intérêt était simple, vous gagneriez toujours 100€ chaque année. Avec un intérêt composé, la deuxième année, vous gagnerez 10% non seulement sur votre investissement initial de 1000€, mais aussi sur les 100€ d'intérêt de la première année. Votre intérêt pour la deuxième année serait de 110€ (10% de 1100€), portant votre total à 1210€. Et cela continue de croître.

La règle de 72: C'est un moyen simple de déterminer combien de temps il faudra pour doubler votre investissement à un taux d'intérêt fixe. Divisez 72 par le taux d'intérêt annuel, et vous obtiendrez le nombre d'années nécessaires pour doubler votre investissement. À un taux d'intérêt de 6%, votre investissement doublera en 12 ans (72 divisé par 6).

Commencer tôt: L'intérêt composé favorise ceux qui commencent tôt. Prenons deux amis, Clara et Jean. Clara commence à investir 200€ par mois à 25 ans avec un rendement annuel de 7% et s'arrête à 35 ans. Jean commence à 35 ans et investit également 200€ par mois jusqu'à l'âge de 65 ans, avec le même rendement. Bien que Clara ait investi pendant seulement 10 ans (24 000€) et Jean pendant 30 ans (72 000€), grâce à la force de l'intérêt composé, Clara aura plus d'argent que Jean à l'âge de 65 ans.

Réinvestir les dividendes: Pour maximiser les avantages de l'intérêt composé, il est crucial de réinvestir les dividendes et les gains plutôt que de les retirer. Si vous retirez les profits chaque année, vous ne gagnerez que des intérêts simples.

La fréquence de composition: L'intérêt composé peut être calculé de différentes manières: quotidiennement, mensuellement, trimestriellement, ou annuellement. Plus la fréquence de composition est élevée, plus vous gagnez. Un investissement qui compose les intérêts quotidiennement gagnera plus au fil du temps qu'un investissement qui compose les intérêts annuellement, même si le taux d'intérêt est identique.

La patience est la clé: Pour réellement bénéficier de la puissance de l'intérêt composé, il faut de la patience. Ce n'est pas une stratégie pour devenir riche du jour au lendemain, mais avec le temps, les résultats peuvent être stupéfiants.

Attention aux dettes: De la même manière que l'intérêt composé peut faire des merveilles pour vos investissements, il peut aussi aggraver rapidement les dettes. Si vous avez des dettes qui génèrent des intérêts composés, il est impératif de les rembourser le plus rapidement possible pour éviter que la dette ne s'emballe.

L'intérêt composé est une clé essentielle pour accroître sa richesse sur le long terme. Les personnes prospères exploitent cet outil en investissant tôt, en réinvestissant les profits, et en faisant preuve de patience. Ce n'est pas la somme investie, mais la durée de l'investissement qui fait toute la différence. Avec discipline et vision à long terme, l'intérêt composé peut être le levier majeur vers l'indépendance et la stabilité financière.

1.2.3 Gérer les attentes et résister à la pression sociétale

Vivre dans une société hyperconnectée, où l'information est constamment à portée de main et où les réussites (et parfois les échecs) sont partagées en temps réel, peut créer une pression immense pour réussir rapidement. Cette pression peut éroder notre patience, nous incitant à rechercher des gratifications instantanées et à oublier l'importance d'une vision à long terme. Comment gérer ces attentes et résister à cette pression omniprésente?

Comprendre la nature de la comparaison: Il est naturel pour l'être humain de se comparer aux autres. Grâce aux réseaux sociaux, nous nous comparons souvent aux moments forts des autres, sans voir les défis et les échecs qu'ils ont dû surmonter. Il est crucial de comprendre que chaque personne a son propre rythme, ses propres défis et ses propres moments de réussite.

Exemple: Pensez à l'histoire de deux entrepreneurs: l'un a peut-être réussi à 25 ans après avoir lancé une startup technologique à succès, tandis que l'autre a atteint le sommet à 50 ans après des décennies de travail acharné dans son domaine. Comparer leur réussite à un âge donné est futile et décourageant.

Établir des attentes personnelles: Au lieu de vous laisser influencer par ce que la société considère comme une **"réussite"**, définissez vos propres critères de réussite. Posez-vous la question: qu'est-ce qui compte vraiment pour moi? Est-ce la liberté financière, le temps avec la famille, la réalisation personnelle, ou peut-être un mélange de tout cela?

Apprendre à dire non: Résister à la pression sociétale signifie aussi apprendre à dire non aux choses qui ne correspondent pas à vos valeurs ou à votre vision à long terme. Si vous savez que l'achat d'une maison ou d'une voiture au-delà de vos moyens vous éloignera de vos objectifs financiers, il est essentiel d'avoir la force de résister à cette pression.

Chercher des modèles inspirants: Entourez-vous de personnes qui partagent vos valeurs et comprennent votre vision à long terme. Ces individus peuvent être des mentors, des collègues, ou même des figures publiques dont les histoires inspirent la patience et la persévérance.

La méditation et la pleine conscience: La méditation n'est pas seulement une pratique spirituelle; elle peut aussi être un outil précieux pour renforcer votre résilience face à la pression sociétale. En pratiquant régulièrement, vous pouvez développer une plus grande conscience de vous-même et de vos véritables désirs, vous aidant à rester centré malgré les distractions extérieures.

Éduquer plutôt que se justifier: Lorsque vous faites des choix financiers à long terme, vous pourriez être confronté à des questions ou des critiques de la part de votre entourage. Ces situations sont l'occasion idéale pour sensibiliser votre entourage à la valeur de la patience et aux avantages d'une planification à long terme.

Accepter les échecs comme des étapes vers la réussite: La pression sociétale nous pousse souvent à éviter l'échec à tout prix. Chaque échec est une occasion d'apprendre et de grandir. Les personnes les plus prospères savent que l'échec n'est pas le contraire de la réussite, mais plutôt une étape sur le chemin de la réalisation de leurs rêves.

Vivre avec une vision à long terme dans un monde axé sur la gratification immédiate est un défi, mais c'est aussi la clé de la réussite financière durable. En apprenant à gérer les attentes et à résister à la pression sociétale, nous pouvons naviguer dans ce monde avec une clarté et une détermination renouvelées, en restant fidèles à nos objectifs et en bâtissant une fondation solide pour l'avenir.

1.3 Stratégies pour maintenir une vision à long terme

1.3.1 Établir des objectifs financiers clairs

Le secret d'une vision financière à long terme réside en grande partie dans la capacité à établir et à suivre des objectifs financiers clairs. Lorsque vous savez précisément ce que vous souhaitez atteindre, il devient plus facile de résister aux tentations du court terme et de rester concentré sur votre trajectoire.

L'importance des objectifs clairs: Définir des objectifs financiers clairs est comme avoir une carte lors d'un voyage. Sans cette carte, vous risquez de vous égarer, de prendre des détours inutiles, ou pire encore, de vous retrouver complètement perdu. Avec des objectifs précis, vous avez un chemin tracé, un cap à suivre, qui vous guide à travers les décisions financières de la vie.

Comment établir des objectifs financiers clairs?

Auto-évaluation: Commencez par évaluer honnêtement votre situation financière actuelle. Combien avez-vous en épargne? Quelle est la taille de votre dette? Quels sont vos revenus et dépenses mensuels? Cette évaluation initiale vous donne un point de départ.

Visualisez votre avenir: Pensez à ce que vous voulez vraiment dans la vie. Voulez-vous acheter une maison? Voyager autour du monde? Prendre une retraite anticipée? Écrire ces rêves vous aide à les transformer en objectifs concrets.

Exemple: Au lieu de dire "**Je veux économiser de l'argent**", soyez précis: "**Je veux économiser 50 000€ pour un acompte sur une maison dans les cinq prochaines années.**"

Divisez les objectifs en étapes gérables: Un objectif à long terme peut sembler intimidant ou inatteignable s'il est considéré dans son ensemble. Divisez-le en étapes ou en mini-objectifs.

Exemple: Si votre objectif est d'économiser 50 000€ en 5 ans, divisez-le en économies mensuelles ou annuelles. Cela pourrait signifier économiser 833,33€ chaque mois.

Priorisez vos objectifs: Si vous avez plusieurs objectifs, déterminez leur importance relative. Cela vous permet d'allouer efficacement vos ressources.

Revisitez et ajustez: La vie est imprévisible. Il se peut que vous ayez besoin de changer d'emploi, que les conditions économiques évoluent ou que des dépenses imprévues surviennent. Revoyez régulièrement vos objectifs et ajustez-les en conséquence.

Utiliser des outils et des ressources: De nombreux outils, comme des applications financières ou des tableurs, peuvent vous aider à suivre vos progrès. Ces outils rendent l'établissement et le suivi des objectifs plus transparents et motivants.

La puissance de l'engagement: Une fois que vous avez établi vos objectifs, engagez-vous à les atteindre. Parlez-en à un proche, écrivez-le dans un journal, ou même affichez-le dans un endroit visible. Cet engagement renforce votre détermination.

Les avantages des objectifs financiers clairs:

Focus: Avec un objectif clairement défini, il est plus facile de résister aux dépenses impulsives.
Motivation: Chaque fois que vous atteignez un mini-objectif, cela vous donne une impulsion pour continuer.
Contrôle: Vous sentez que vous avez le contrôle de votre avenir financier plutôt que d'être à la merci des circonstances.

La clé d'une gestion financière réussie à long terme réside dans la capacité à établir des objectifs financiers clairs et à s'y tenir. Ce processus vous donne un sentiment de direction, de contrôle et d'accomplissement. En fin de compte, ce n'est pas tant la quantité d'argent que vous avez qui compte, mais la clarté de votre vision et votre détermination à transformer cette vision en réalité.

1.3.2 Planifier pour l'avenir

Le monde financier est jonché de récits de personnes ayant gagné des fortunes pour les perdre aussi rapidement, faute de planification adéquate. Si vous souhaitez véritablement prospérer et conserver vos richesses à long terme, il est essentiel d'adopter une stratégie axée sur la planification pour l'avenir.

La différence entre planifier et rêver: Rêver de richesse est une chose, mais mettre en place un plan concret pour y parvenir en est une autre. La planification nécessite de la réflexion, de la détermination, et surtout, de l'action. C'est l'art de transformer un rêve en une série d'étapes réalisables.

Les étapes essentielles pour une planification efficace:

Définition des objectifs: Comme mentionné précédemment, la première étape consiste à définir clairement ce que vous souhaitez accomplir. Ces objectifs devraient être spécifiques, mesurables, réalisables, pertinents et délimités dans le temps (les fameux objectifs SMART).

Évaluation des ressources: Identifiez les ressources dont vous disposez déjà et celles dont vous aurez besoin. Cela peut inclure l'argent, le temps, les compétences, ainsi que le réseau personnel et professionnel.

Identification des obstacles: Quels sont les défis potentiels sur votre chemin? Peut-être est-ce une dette importante, un manque de connaissances financières, ou des habitudes de dépenses impulsives. Connaître ces obstacles vous permet de prévoir des stratégies pour les surmonter.

Élaboration d'un plan d'action: Une fois que vous savez ce que vous voulez et ce qui pourrait vous barrer la route, élaborez un plan étape par étape pour atteindre vos objectifs. Si votre objectif est d'investir dans l'immobilier, par exemple, votre plan pourrait inclure la recherche d'une formation, l'économie d'un acompte, ou la recherche de partenaires d'investissement.

Suivi et ajustement: Une planification efficace n'est pas statique. Elle nécessite un suivi régulier. Les marchés financiers évoluent, tout comme votre vie personnelle. Adaptez votre plan en conséquence.

Exemple concret de planification: Imaginons Julie, une jeune professionnelle de 30 ans souhaitant prendre sa retraite à 55 ans avec une épargne de 1 million d'euros. Après avoir défini cet objectif, Julie identifie ses ressources: un revenu stable, 10 000 euros d'économies, et une connaissance basique de la bourse.

Pour remédier à ses dépenses élevées et à son manque d'expérience, Julie se forme aux investissements et réduit ses coûts. Elle crée ainsi un portefeuille diversifié qu'elle adapte au fil du temps.

La valeur d'un conseiller financier: Même les personnes les plus instruites peuvent bénéficier des conseils d'un expert. Un conseiller financier peut offrir une perspective extérieure, identifier des opportunités ou des risques que vous n'aviez pas envisagés, et vous aider à affiner votre plan.

La force de la planification préventive :
Au-delà des finances, la planification pour l'avenir inclut également des considérations telles que la planification successorale, les directives anticipées ou l'assurance. Ces éléments, bien que moins glamour, sont cruciaux pour protéger votre patrimoine et vos proches.

Planifier pour l'avenir, c'est anticiper et agir. En fixant des objectifs clairs et en élaborant un plan, vous assurez votre succès financier à long terme.

1.3.3 Rester informé et adaptatif

La vitesse à laquelle le monde change rend l'information indispensable pour réussir. Être informé et adaptable est la clé de la prospérité financière.

L'importance de l'information : L'information est le carburant de la prise de décision financière. Elle vous offre un aperçu des tendances actuelles, des opportunités émergentes et des éventuels pièges à éviter. Sans une connaissance approfondie des marchés et de l'environnement économique, il est difficile de prendre des décisions éclairées.

Stratégies pour rester informé : S'abonner à des sources d'information fiables : Qu'il s'agisse de publications financières réputées, de bulletins d'investissement ou de plateformes en ligne, choisissez des sources d'information qui ont fait leurs preuves en matière d'exactitude et d'objectivité.

Participer à des séminaires et des formations : Les séminaires et les ateliers vous offrent l'opportunité d'apprendre des experts du domaine et d'échanger avec des pairs qui partagent vos intérêts et vos préoccupations.

Rejoindre des réseaux et des groupes : Entourez-vous de personnes qui partagent votre passion pour l'investissement et la finance. Cela peut créer une dynamique d'apprentissage mutuel et de partage d'opportunités.

L'art de l'adaptabilité: Rester informé est essentiel, mais l'information seule n'est pas suffisante. Le monde financier est dynamique, et ce qui fonctionnait hier peut ne pas fonctionner aujourd'hui. L'adaptabilité est la capacité de changer et de modifier ses stratégies en fonction de l'évolution des circonstances.

Des exemples d'adaptabilité en action:

La crise financière de 2008: Ceux qui ont su s'adapter ont minimisé leurs pertes en diversifiant leurs portefeuilles et en investissant dans des actifs plus sûrs.

L'essor des cryptomonnaies: Alors que beaucoup étaient sceptiques au début, les investisseurs adaptatifs ont vu une opportunité et ont diversifié une partie de leurs portefeuilles pour inclure ces nouveaux actifs.

Stratégies pour cultiver l'adaptabilité:

Favoriser un état d'esprit de croissance: C'est la croyance que vos compétences et capacités peuvent être développées avec du temps et de l'effort. Elle favorise la curiosité, l'apprentissage continu et la résilience face aux défis.

Pratiquer la flexibilité mentale: Cela signifie être ouvert à de nouvelles idées et perspectives, même si elles contredisent vos croyances actuelles. Il s'agit de peser les avantages et les inconvénients avant de prendre une décision.

Évaluer régulièrement vos stratégies: Un plan bien conçu doit être souple et évolutif pour répondre aux défis et aux opportunités d'un environnement en constante mutation.

La richesse se construit autant par l'information que par l'adaptabilité. Ce n'est pas tant la quantité d'informations qui compte, mais plutôt la capacité à les utiliser et à s'ajuster aux évolutions.

CHAPITRE 2: CONTINUELLEMENT S'ÉDUQUER ET APPRENDRE

2.1 La puissance de la connaissance

2.1.1 L'importance de l'éducation financière

Il est souvent dit que l'argent est le nerf de la guerre, et pourtant, ironiquement, peu d'entre nous reçoivent une éducation formelle sur la manière de le gérer. Nous vivons à une époque où l'accès à l'information n'a jamais été aussi facile, mais cela ne signifie pas nécessairement que nous soyons mieux informés, surtout en ce qui concerne les finances personnelles. L'éducation financière est l'un des piliers essentiels pour accumuler et conserver la richesse. Comprendre son importance est le premier pas vers une prospérité durable.

Qu'est-ce que l'éducation financière?

L'éducation financière ne se limite pas à savoir comment équilibrer un chéquier ou établir un budget. C'est une compréhension approfondie de la manière dont l'argent fonctionne: comment il est gagné, dépensé, investi, et comment il peut croître ou diminuer en valeur. C'est la capacité de prendre des décisions éclairées concernant la gestion de ses finances personnelles, des investissements, des impôts, de la planification de la retraite, et plus encore.

Pourquoi est-elle essentielle?

Éviter les pièges courants: Sans une éducation financière adéquate, il est facile de tomber dans des pièges courants tels que l'endettement excessif, les investissements risqués ou les arnaques financières.

Comprendre les mécanismes des taux d'intérêt sur les prêts et les cartes de crédit peut vous éviter des années de dettes coûteuses.

Maximiser la croissance de l'argent: L'éducation financière vous permet de reconnaître et de profiter des opportunités d'investissement. Comprendre comment fonctionne l'intérêt composé peut vous aider à choisir entre différents types de comptes d'épargne ou d'investissement.

Prendre des décisions éclairées: Qu'il s'agisse de choisir une assurance, de planifier sa retraite ou d'acheter une maison, une solide éducation financière vous donne les outils nécessaires pour évaluer les options et prendre des décisions qui correspondent à vos objectifs financiers.

Indépendance et sécurité: En fin de compte, l'éducation financière vous donne le contrôle. Elle vous permet de prendre des décisions en toute confiance, de vous protéger contre les aléas financiers et de créer une base solide pour votre avenir et celui de votre famille.

Des exemples concrets de l'impact de l'éducation financière:

Sarah, 25 ans, grâce à une formation financière précoce, a commencé à investir dans un compte à intérêt composé dès l'âge de 18 ans. À 30 ans, grâce à la force de l'intérêt composé et à des contributions régulières, elle a amassé une somme considérable pour ses futurs projets.

Jean, quant à lui, n'a jamais vraiment compris la valeur de l'investissement à long terme. À 40 ans, il se rend compte qu'il n'a pas de véritable plan de retraite et doit rattraper le temps perdu, avec beaucoup plus de difficultés.

Marie, après avoir assisté à un séminaire sur la finance personnelle, a découvert l'importance de diversifier son portefeuille d'investissements. Cela l'a aidée à naviguer sereinement lors d'une récente crise économique, tandis que de nombreux autres ont vu leur épargne diminuer considérablement.

Comment cultiver son éducation financière?

Lisez et formez-vous continuellement: Des livres, des articles, des séminaires, des webinaires, il existe une multitude de ressources pour développer vos connaissances.

Consultez des experts: Si vous pouvez investir dans un conseiller financier ou fiscal, il peut vous aider à naviguer dans des situations plus complexes.

Mettez en pratique: L'éducation financière est aussi une question de pratique. Commencez petit, testez différentes stratégies, apprenez

2.1.2 Apprendre des échecs et des réussites

Dans le voyage vers la richesse et la prospérité, chaque individu sera inévitablement confronté à des moments de triomphe et à des périodes de désillusion. Ces expériences, positives ou négatives, sont des mines d'or d'apprentissage. Comprendre l'importance de tirer des leçons des deux - échecs et réussites - est essentiel pour forger un esprit résilient et une stratégie financière robuste.

L'art d'apprendre de ses échecs

Accepter l'échec comme partie du processus: Avant tout, il est crucial de reconnaître que l'échec n'est pas une fin en soi, mais plutôt une étape sur le chemin de la réussite. Comme l'a dit Thomas Edison, « **Je n'ai pas échoué. J'ai simplement trouvé 10 000 façons qui ne fonctionnent pas** ».

Analyser l'échec objectivement: Lorsque l'on fait face à un échec, il est essentiel de le décomposer et d'analyser ce qui s'est mal passé. Cela permet d'identifier les points faibles de votre stratégie ou de vos connaissances.

Ne pas personnaliser l'échec: L'échec est une situation, pas une identité. Il est essentiel de séparer l'échec de votre estime personnelle et de reconnaître que chaque erreur est une occasion de croissance.

Exemple: Jack a investi dans une start-up qui promettait de révolutionner le secteur de l'énergie. Malheureusement, en raison de réglementations imprévues, l'entreprise a fait faillite. Cette expérience a été un véritable tournant pour Jack. Il en a tiré des leçons précieuses et a ajusté sa stratégie d'investissement en conséquence.

Célébrer et comprendre les réussites

Reconnaître les facteurs de réussite: Lorsque vous réussissez, prenez un moment pour analyser les éléments qui ont contribué à cette réussite. Était-ce une bonne préparation, une intuition, des conseils d'experts, ou une combinaison de ces éléments?

Ne pas devenir complaisant: Le succès d'aujourd'hui peut masquer les dangers de demain. Il est important de rester humble et conscient que le paysage financier et entrepreneurial est en constante évolution.

Réinvestir dans l'apprentissage: La réussite est souvent le résultat de compétences et de connaissances acquises. Continuez à investir dans votre éducation et votre croissance personnelle.

Exemple: Lorsque Marie a vendu son entreprise pour un montant à sept chiffres, elle a reconnu que son succès était dû à son réseau solide, à sa connaissance du marché et à son équipe dévouée. Elle a réinvesti une partie de ses bénéfices dans des cours avancés et dans le mentorat pour continuer à se développer.

Le pouvoir des mentors et des témoignages

L'une des meilleures façons d'apprendre, que ce soit des échecs ou des réussites, est d'étudier les expériences des autres. Les mentors, les biographies de personnes prospères, les études de cas - tous ces éléments offrent des aperçus précieux des pièges à éviter et des stratégies gagnantes à adopter.

Chaque étape du voyage financier, qu'elle soit marquée par un échec ou une réussite, offre une opportunité unique d'apprentissage et de croissance. En adoptant une mentalité axée sur l'apprentissage et en étant résilient face à l'adversité, vous vous positionnez non seulement pour la réussite financière, mais aussi pour une croissance et une maturation personnelles continues.

« **L'échec est le fondement de la réussite, et le moyen par lequel elle s'obtient.** » - Lao Tseu

2.1.3 Éviter l'arrogance financière

L'arrogance financière est un piège silencieux dans lequel tombent de nombreux individus lorsqu'ils commencent à goûter aux fruits de leur succès financier. Elle se manifeste lorsque l'on croit que le succès antérieur garantit le succès futur ou lorsque l'on sous-estime les risques associés à un investissement en raison d'une confiance excessive en soi. Il est vital de reconnaître et d'éviter cette arrogance pour préserver et augmenter sa richesse.

Reconnaître les symptômes de l'arrogance financière

Excès de confiance: Vous pensez que tout ce que vous touchez se transformera en or. Cette surévaluation de vos compétences peut vous amener à prendre des risques inutiles ou à négliger des recherches approfondies avant de prendre des décisions financières.

Minimisation des conseils d'experts: Ignorer ou dévaloriser l'avis d'experts ou de conseillers financiers, croyant que votre intuition ou votre expérience est supérieure à la leur.

Comparaison excessive avec les autres: Mesurer constamment votre succès par rapport à celui des autres peut vous amener à prendre des décisions impulsives pour « **garder le rythme** ».

Exemple: Robert avait réalisé d'importants bénéfices sur le marché des cryptomonnaies. Se croyant invincible, il a investi massivement dans une nouvelle monnaie sans effectuer de recherches approfondies, persuadé qu'il ne pouvait pas se tromper. Malheureusement, cette crypto s'est effondrée, et Robert a perdu une grande partie de ses économies.

Stratégies pour éviter l'arrogance financière

Éducation continue: Peu importe combien vous avez réussi, il y a toujours quelque chose de nouveau à apprendre. Investissez dans votre éducation financière en lisant, en suivant des cours et en échangeant avec des experts.

S'entourer d'un conseil diversifié: Avoir un groupe de conseillers financiers ou même d'amis bien informés qui peuvent offrir des perspectives différentes et des critiques constructives.

Analyse post-mortem: Après chaque investissement significatif ou décision financière, qu'elle soit réussie ou non, prenez le temps d'analyser vos actions, vos motivations et les résultats.

Méditer sur l'humilité: Rappelez-vous que les marchés financiers sont imprévisibles et que personne n'a toutes les réponses. La richesse peut être éphémère, et une décision impulsée par l'arrogance peut effacer des années de dur labeur.

Exemple: Sarah, une investisseuse avisée, célèbre chaque réussite financière, mais elle prend également le temps de réfléchir aux décisions qui ont conduit à cette réussite. Elle consulte régulièrement différents experts et est toujours ouverte à apprendre et à ajuster sa stratégie.

L'importance de la reconnaissance

Une stratégie efficace pour combattre l'arrogance est de pratiquer la gratitude. En reconnaissant régulièrement les opportunités, les conseils et même la chance qui ont contribué à votre succès, vous gardez les pieds sur terre. La gratitude vous rappelle que la réussite est souvent le résultat d'une combinaison de facteurs, dont beaucoup peuvent échapper à votre contrôle.

Alors que la richesse et le succès peuvent renforcer la confiance, il est crucial de distinguer la confiance saine de l'arrogance financière. En restant informé, en cherchant des conseils diversifiés, en réfléchissant régulièrement à ses actions et en cultivant un esprit de gratitude, on peut éviter les pièges de l'arrogance financière et construire une richesse durable.

« **Ce n'est pas le savoir, mais l'apprentissage, non pas la possession mais l'acquisition, non pas l'être là mais le devenir qui importe.** » - Carl Friedrich Gauss

2.2 Les ressources pour l'éducation financière

2.2.1 Livres et cours

Au cœur de tout succès financier se trouve la connaissance, et cette connaissance est souvent acquise grâce à une éducation approfondie. Les livres et les cours sont parmi les moyens les plus accessibles et les plus efficaces d'acquérir des connaissances financières solides. Examinons de plus près pourquoi ils sont essentiels et comment tirer le meilleur parti de ces ressources.

L'impact des livres sur l'éducation financière

Les livres ont été, pendant des siècles, des trésors d'informations et de sagesses. Dans le domaine financier, ils offrent:

Profondeur et détail: Contrairement aux articles de blog ou aux vidéos courtes, les livres permettent une immersion complète dans un sujet, offrant des détails approfondis et des explications complètes.

Diversité des opinions: Il existe une multitude de livres sur la finance, chacun apportant sa perspective unique. Cette variété est cruciale pour obtenir une vision complète et équilibrée.

Flexibilité: On peut lire à son propre rythme, revenir sur des concepts compliqués et prendre des notes en marge.

Quelques livres incontournables en finance:

"**Père riche, Père pauvre**" de Robert T. Kiyosaki: Ce best-seller présente la différence fondamentale entre travailler pour l'argent et faire travailler l'argent pour soi.

"L'homme le plus riche de Babylone" de George S. Clason: À travers des paraboles, ce livre donne des leçons intemporelles sur l'épargne, l'investissement et la croissance financière.

"L'investisseur intelligent" de Benjamin Graham: Considéré comme la bible de l'investissement en bourse, ce livre offre des conseils précieux sur la manière d'analyser et d'évaluer les stocks.

L'importance des cours pour une éducation financière solide

Les cours, qu'ils soient en ligne ou en personne, offrent une structure organisée pour l'apprentissage, ce qui peut être bénéfique pour ceux qui préfèrent un cadre plus formel.

Interaction avec les instructeurs: La possibilité de poser des questions et de recevoir des éclaircissements en temps réel est inestimable.

Apprentissage structuré: Les cours suivent généralement un curriculum bien défini, garantissant une couverture complète du sujet.

Études de cas et exemples pratiques: Les cours offrent souvent des scénarios réels pour aider les étudiants à comprendre l'application pratique des concepts.

Réseau: Assister à des cours, en particulier en personne, permet de rencontrer d'autres personnes partageant les mêmes intérêts, offrant des opportunités de réseautage et d'échanges.

Exemple: Marie a toujours été intéressée par l'immobilier. Elle a lu plusieurs livres sur le sujet, mais elle sentait qu'elle avait besoin de quelque chose de plus structuré. Elle s'est donc inscrite à un cours en ligne sur l'investissement immobilier. Grâce aux modules structurés et aux interactions avec l'instructeur, elle a pu acquérir les compétences nécessaires pour faire son premier investissement.

Quelques plateformes de cours en ligne recommandées:

Coursera et Udemy: Ces plateformes proposent une multitude de cours sur la finance, allant des bases de la finance personnelle à des sujets plus avancés comme l'analyse financière.

Khan Academy: Cette plateforme éducative gratuite offre une série de leçons sur la finance et l'économie, idéales pour les débutants.

Alors que le monde financier évolue constamment, les fondamentaux restent souvent les mêmes. En investissant du temps dans la lecture de livres éprouvés et en suivant des cours structurés, on peut acquérir une solide éducation financière. Cette connaissance est la pierre angulaire sur laquelle construire une richesse durable.

"Une salle sans livres est comme un corps sans âme." - Cicéron

"L'éducation est l'arme la plus puissante que vous pouvez utiliser pour changer le monde." - Nelson Mandela

2.2.2 Mentors et experts

L'une des clés de la réussite financière réside non seulement dans l'acquisition de connaissances à travers des livres et des cours, mais également dans l'apprentissage auprès de personnes ayant déjà atteint des niveaux de réussite auxquels nous aspirons. Les mentors et les experts jouent un rôle prépondérant dans notre évolution financière. Plongeons plus profondément dans l'importance de ces figures et comment maximiser leur apport.

L'importance des mentors en éducation financière

Expérience concrète: L'expérience est souvent le meilleur professeur. Un mentor, par sa propre expérience, peut vous guider à travers les pièges et les opportunités du monde financier, souvent en vous évitant des erreurs coûteuses.

Soutien émotionnel: Le parcours financier est parsemé d'obstacles et de défis. Avoir quelqu'un pour vous soutenir, vous rassurer et vous motiver est inestimable.

Réseau: Les mentors peuvent vous ouvrir les portes de leur réseau, offrant des opportunités que vous n'auriez pas eues autrement.

Exemple: Pierre, jeune entrepreneur, avait du mal à faire décoller son entreprise. Grâce à un mentorat, il a pu rencontrer des investisseurs potentiels, réorienter sa stratégie et éviter certaines erreurs courantes dans son secteur. Son mentor a non seulement partagé ses connaissances, mais a également présenté Pierre à des contacts clés qui ont été cruciaux pour la croissance de son entreprise.

L'importance des experts en éducation financière

Contrairement aux mentors, les experts sont généralement des professionnels qui offrent leurs services dans des domaines spécifiques de la finance, tels que l'investissement, la fiscalité ou la planification financière.

Conseils spécialisés: Les experts ont une connaissance approfondie de leur domaine. Leur conseil peut être précieux pour des décisions spécifiques, basées sur des analyses approfondies et une expertise à jour.

Gestion des complexités: Au fur et à mesure que votre richesse grandit, la gestion financière devient plus complexe. Les experts peuvent vous aider à naviguer dans ces eaux troubles, optimisant vos décisions financières.

Mise à jour constante: Le monde de la finance évolue rapidement. Les experts se tiennent constamment au courant des dernières tendances, régulations et opportunités, garantissant que leurs conseils sont pertinents.

Exemple: Claire, ayant hérité d'une somme importante, n'était pas sûre de la meilleure façon d'investir cet argent. Après avoir consulté un expert financier, elle a pu diversifier ses investissements, minimiser ses impôts et créer un plan pour assurer sa sécurité financière à long terme.

Comment maximiser l'apport de mentors et d'experts:

Soyez curieux et poser des questions: La meilleure façon d'apprendre est d'être inquisiteur. Posez des questions, cherchez à comprendre le **"pourquoi"** derrière chaque conseil.

Engagez-vous: Un mentorat ou une relation avec un expert est un partenariat. Soyez engagé, faites vos propres recherches et soyez proactif dans la relation.

Choisissez judicieusement: Tous les mentors ou experts ne conviennent pas à tout le monde. Cherchez quelqu'un dont la philosophie, l'expérience et la spécialité correspondent à vos besoins et aspirations.

Revoyez régulièrement: Comme toute relation, il est important de vérifier régulièrement si le partenariat est toujours bénéfique. Vos besoins évoluent avec le temps, assurez-vous que votre mentor ou expert évolue avec vous.

La route vers la réussite financière n'est pas à parcourir seul. Les mentors et les experts peuvent éclairer le chemin, offrant des raccourcis basés sur l'expérience, des conseils éclairés et un soutien précieux. En intégrant leurs connaissances et en construisant des relations solides, vous pouvez accélérer votre progression vers la prospérité financière.

"Si je vois plus loin, c'est en me tenant sur les épaules de géants."
- Isaac Newton

2.2.3 Réseaux et communautés

Dans le monde interconnecté d'aujourd'hui, l'éducation financière ne se limite pas aux livres, aux mentors ou aux experts individuels. Les réseaux et les communautés offrent des espaces précieux où les personnes peuvent partager leurs expériences, leurs connaissances et leurs ressources. Ces collectivités représentent une mine d'informations souvent sous-estimée et peuvent jouer un rôle crucial dans le développement de la compréhension et de la maîtrise financières.

Pourquoi les réseaux et communautés sont-ils essentiels?

Échange d'expériences: Au sein des communautés, les membres partagent leurs succès, leurs échecs, leurs découvertes et leurs stratégies. Cela permet d'apprendre des expériences vécues, réduisant la courbe d'apprentissage.

Soutien mutuel: La finance peut être un domaine intimidant et, parfois, solitaire. Les communautés fournissent un soutien moral, des encouragements et des perspectives différentes.

Mise à jour constante: Les marchés financiers, les opportunités d'investissement et les réglementations évoluent rapidement. Les membres actifs d'une communauté sont souvent les premiers à partager des nouveautés ou des changements, permettant à tous de rester à jour.

Accès à des ressources variées: Que ce soit des webinaires, des ateliers, des outils en ligne ou des recommandations de lecture, les communautés regorgent souvent de ressources précieuses.

Exemple: Alexandre, un investisseur débutant, a rejoint un forum en ligne dédié à l'investissement immobilier. Au fil des discussions, il a découvert une stratégie d'investissement locatif méconnue et a été mis en garde contre une tendance immobilière surévaluée. Ces informations ont orienté ses décisions d'investissement et lui ont probablement évité des pertes.

Types de réseaux et de communautés:

Forums en ligne: Sites Web où les membres discutent de sujets spécifiques. Ils peuvent être généralistes, comme ceux dédiés à la finance personnelle, ou très spécialisés, comme les forums sur l'investissement en cryptomonnaie.

Groupes sur les réseaux sociaux: De nombreuses plateformes, comme Facebook ou LinkedIn, hébergent des groupes dédiés à divers aspects de la finance.

Clubs d'investissement: Des groupes physiques ou virtuels où les membres se réunissent régulièrement pour discuter d'opportunités d'investissement, partager des ressources et parfois investir conjointement.

Associations professionnelles: Pour ceux qui travaillent dans le secteur financier ou y sont liés, ces associations offrent des formations, des conférences et des opportunités de réseautage.

Comment tirer le meilleur parti des réseaux et communautés?

Participation active: Il ne suffit pas de rejoindre une communauté; il faut y participer. Posez des questions, partagez vos expériences, engagez-vous dans les discussions.

Esprit critique: Toutes les informations partagées ne sont pas toujours exactes. Il est essentiel d'avoir un esprit critique, de vérifier les informations et de ne pas prendre tout pour argent comptant.

Réseau diversifié: Rejoignez plusieurs communautés ou réseaux pour avoir accès à une diversité d'opinions et de perspectives.

Donnez en retour: Si vous bénéficiez de la communauté, pensez également à contribuer. Partagez vos connaissances, aidez les nouveaux membres et créez un esprit d'entraide.

La richesse des informations, des expériences et des ressources disponibles au sein des réseaux et communautés est inestimable pour quiconque souhaite améliorer sa situation financière. En s'immergeant dans ces groupes, en échangeant avec d'autres et en étant ouvert à l'apprentissage, on peut non seulement accélérer son chemin vers la prospérité financière mais aussi construire des relations durables et enrichissantes.

"Seul on va plus vite, ensemble on va plus loin." - Proverbe africain

2.3 Mettre la connaissance en pratique

2.3.1 Adapter les apprentissages à sa propre situation

Acquérir des connaissances est une étape essentielle sur le chemin de la prospérité financière, mais c'est la mise en pratique qui permet de concrétiser ces connaissances. Chaque individu a sa propre réalité, ses propres aspirations et contraintes. Il est impératif d'adapter les enseignements acquis à sa situation personnelle pour obtenir les meilleurs résultats.

Pourquoi est-il crucial d'adapter les apprentissages à sa situation?

Chaque individu est unique: Chacun a ses propres objectifs, ses propres valeurs, sa propre tolérance au risque, et sa propre situation financière. Appliquer aveuglément une stratégie sans considération pour ces facteurs peut entraîner des échecs ou des frustrations.

Les marchés et l'environnement économique sont en évolution constante: Une stratégie qui a fonctionné hier pour quelqu'un d'autre peut ne pas être applicable ou pertinente aujourd'hui, en fonction des conditions actuelles et des spécificités régionales ou nationales.

Optimisation des résultats: Adapter les connaissances à sa propre situation permet d'optimiser les retours sur investissement et de mieux gérer les risques.

Exemple: Clémence a lu un livre sur l'investissement immobilier qui recommandait l'achat de biens dans des zones urbaines en plein essor. Vivant dans une région rurale, elle a adapté cette stratégie en investissant dans des propriétés locales, anticipant le développement futur de sa région grâce à un projet d'infrastructure annoncé. Elle a ainsi obtenu un excellent retour sur investissement, bien que sa démarche ait divergé de la recommandation initiale.

Comment adapter les apprentissages à sa propre situation?

Analyse personnelle: Avant toute chose, il est essentiel de réaliser une introspection. Quels sont vos objectifs financiers? Quelle est votre tolérance au risque? Quelles sont vos connaissances actuelles et vos lacunes?

Recherche et validation: Lorsque vous apprenez une nouvelle stratégie ou approche, recherchez des cas d'application similaires à votre contexte. Si une stratégie est prônée pour les marchés américains, vérifiez sa pertinence pour le marché européen ou africain, par exemple.

Petits pas et expérimentation: Avant de vous engager pleinement, testez la stratégie à petite échelle. Cela vous permettra de voir si elle convient à votre situation et d'ajuster en conséquence.

Demandez des avis extérieurs: Discutez avec des experts, mentors ou membres de votre communauté. Leurs retours peuvent vous aider à affiner et adapter votre approche.

Réévaluation régulière: Votre situation, tout comme l'environnement économique, évolue. Il est donc nécessaire de réévaluer périodiquement vos stratégies pour vous assurer qu'elles restent adaptées.

Le succès financier ne dépend pas seulement de la connaissance, mais de son application judicieuse à sa propre situation. Adaptez vos actions à vos objectifs personnels et à votre contexte unique pour maximiser votre chemin vers la prospérité.

"L'application d'une idée est plus précieuse que sa découverte."
- Thomas Edison

2.3.2 Évaluer régulièrement ses connaissances

Dans la quête de la prospérité et de la réussite financière, l'accumulation de connaissances ne suffit pas. Il est impératif d'évaluer régulièrement ces connaissances pour s'assurer qu'elles restent pertinentes, actuelles et, surtout, adaptées à nos objectifs changeants. La raison en est simple: le monde financier est en constante évolution et ce que nous savions hier pourrait ne plus être valide aujourd'hui.

L'importance de l'évaluation régulière

Le paysage financier évolue: Marchés, réglementations, technologies et tendances économiques changent continuellement. Ce qui était une « **vérité** » il y a dix ans pourrait être obsolète aujourd'hui.

Éviter la complaisance: Avec le succès vient souvent une certaine confiance - parfois excessive - en ses propres connaissances. Une évaluation régulière nous rappelle qu'il y a toujours de la place pour l'apprentissage.

Identifier les lacunes: Personne ne sait tout. L'évaluation vous permet de découvrir vos zones d'ignorance, vous offrant l'opportunité de les combler.

Exemple: Marc, un investisseur aguerri, avait réussi grâce à sa stratégie d'investissement en actions. Avec l'émergence des cryptomonnaies, il a réalisé, après évaluation, qu'il avait une lacune dans ce domaine. Il a pris des mesures pour apprendre et adapter sa stratégie en conséquence.

Comment évaluer régulièrement ses connaissances?

Tests et quizz: Il existe de nombreux outils en ligne qui permettent de tester ses connaissances sur divers sujets financiers. Ils offrent une évaluation rapide de là où vous en êtes.

Journal de suivi: Tenir un journal où vous notez régulièrement ce que vous avez appris et comment vous l'avez appliqué est un excellent outil d'évaluation. En le relisant, vous pouvez déterminer les domaines dans lesquels vous excellez et ceux nécessitant plus d'attention.

Retours d'experts: Demandez à des mentors, conseillers financiers ou collègues de vous donner un feedback sur vos connaissances et vos décisions. Leur perspective extérieure peut être inestimable.

Étudier les tendances: En restant informé des dernières tendances du monde financier, vous pouvez comparer ces informations avec ce que vous savez déjà et déterminer si vos connaissances sont à jour.

Participation à des forums et groupes: Interagir avec d'autres personnes intéressées par la finance peut vous aider à mesurer vos connaissances par rapport aux leurs.

Réflexion personnelle: Prenez le temps de vous asseoir et de réfléchir honnêtement à vos actions, décisions et ce que vous savez. Cette introspection peut révéler des domaines nécessitant une attention particulière.

Que faire une fois l'évaluation terminée?

Après avoir évalué vos connaissances, il est essentiel d'agir en fonction des résultats.

Mettez à jour vos connaissances: Si vous découvrez des lacunes ou des informations obsolètes, engagez-vous dans une démarche d'apprentissage pour combler ces manques.

Réajustez vos stratégies: En fonction de ce que vous avez appris lors de votre évaluation, il peut être nécessaire de modifier certaines de vos stratégies financières.

Fixez des objectifs d'apprentissage: Créez des objectifs spécifiques pour améliorer vos connaissances dans les domaines nécessaires.

L'évaluation régulière des connaissances n'est pas une simple tâche à cocher dans la liste des choses à faire d'un individu prospère. C'est un élément essentiel de la croissance, de l'adaptation et du succès continu. Comme le disait Socrate, **"La vie non examinée ne vaut pas la peine d'être vécue"**. Dans le contexte financier, une connaissance non évaluée risque de devenir un handicap.

"Ce n'est pas ce que nous ne savons pas qui nous cause des ennuis, c'est ce que nous savons et qui n'est tout simplement pas vrai." - Mark Twain

2.3.3 Prendre des décisions éclairées

La capacité de prendre des décisions éclairées est au cœur de la prospérité financière. La prise de décision, en particulier dans les domaines complexes de la finance, est souvent entachée de préjugés, d'émotions et d'incertitudes. Comment, alors, les riches s'assurent-ils de prendre des décisions optimales qui favorisent leur croissance financière?

Comprendre la nature de la prise de décision

Toute décision financière est, dans une certaine mesure, une prédiction de l'avenir. Les investisseurs, les entrepreneurs et les gestionnaires de patrimoine font des paris sur l'avenir basés sur les informations dont ils disposent actuellement. La clé est de reconnaître et de minimiser les incertitudes tout en maximisant les chances de succès.

Principes pour une prise de décision éclairée:

Rechercher des informations de qualité: Les riches ne se contentent pas d'informations superficielles. Ils cherchent à obtenir les données les plus précises et les plus fiables disponibles. Un investisseur pourrait engager des analystes ou utiliser des logiciels spécialisés pour obtenir une image claire du marché.

Éviter les biais cognitifs: Notre cerveau utilise des raccourcis qui peuvent fausser nos jugements. Les riches savent les identifier et les contrer. Par exemple, ils évitent de chercher uniquement des informations qui confirment leurs idées.

Consulter des experts: Même les plus riches reconnaissent qu'ils ne peuvent pas tout savoir. Ils s'entourent d'experts dans des domaines spécifiques pour obtenir des conseils éclairés.

Évaluer les risques: Toute décision financière comporte des risques. L'important est de les évaluer correctement et de décider si les récompenses potentielles valent le risque. Un entrepreneur, par exemple, pourrait évaluer le risque d'entrer sur un nouveau marché en analysant la concurrence, la demande du marché et les coûts d'entrée.

Faire confiance à son intuition, mais la vérifier: L'intuition peut être un guide puissant, mais elle doit être étayée par des faits et des analyses. Si quelque chose semble trop beau pour être vrai, il est probable que ce soit le cas.

Être prêt à changer d'avis: Le monde change, et ce qui était une bonne décision hier pourrait ne plus l'être aujourd'hui. Les riches sont flexibles dans leur pensée et prêts à revoir leurs décisions à la lumière de nouvelles informations.

Exemple concret: Sophie, une entrepreneure prospère, envisage d'investir dans une nouvelle technologie prometteuse. Plutôt que de se précipiter sur la base de l'enthousiasme initial, elle prend le temps de rencontrer des experts du secteur, d'analyser les données du marché et de consulter son équipe. Après avoir rassemblé et évalué toutes ces informations, elle prend une décision éclairée sur l'opportunité d'investir.

L'impact des décisions éclairées:

Une série de bonnes décisions peut multiplier la croissance financière, tandis qu'une seule mauvaise décision peut avoir des conséquences désastreuses. Les riches le savent et c'est pourquoi ils accordent une attention particulière à leur processus décisionnel.

Prendre des décisions éclairées est moins une compétence innée qu'un art qui se perfectionne avec le temps, la pratique et la réflexion. Cela nécessite une combinaison de recherche rigoureuse, d'auto-évaluation honnête, de consultation d'experts et, parfois, d'un peu d'audace.

Prendre une décision éclairée, c'est naviguer dans l'incertitude avec confiance. Cela mène non seulement à la richesse, mais aussi à la sérénité.
"Dans toute décision, le meilleur que vous pouvez faire est de prendre la bonne décision, la deuxième meilleure chose est de prendre la mauvaise décision, et le pire que vous pouvez faire est de ne prendre aucune décision." - Randy Pausch

CHAPITRE 3: RÉSEAUTER AVEC DES PERSONNES AYANT DES OBJECTIFS SIMILAIRES

3.1 L'importance du réseau

3.1.1 Amplifier ses opportunités

Si l'on s'arrêtait pour réfléchir à la trajectoire de notre vie, il serait évident que certaines des opportunités les plus significatives qui se sont présentées à nous sont venues par le biais d'autres personnes. C'est là l'essence du réseautage: construire et entretenir des relations pour amplifier nos opportunités. Le proverbe **"Ce n'est pas ce que vous savez, mais qui vous savez"** détient une part significative de vérité, surtout dans le monde des affaires.

La Multiplication des Portes Ouvertes: Pensez à votre réseau comme à un vaste système de portes. Chaque relation est une porte vers une nouvelle opportunité. Plus votre réseau est grand et diversifié, plus vous avez de portes à ouvrir. Ces portes peuvent mener à des emplois, des partenariats, des investissements, des connaissances, ou même à d'autres personnes influentes.

Exemple concret: Julien, un jeune entrepreneur, assiste régulièrement à des événements de networking dans son secteur. Lors de l'un de ces événements, il rencontre Caroline, une experte en marketing. Après plusieurs discussions, ils décident de collaborer sur un projet. Cette collaboration non seulement amplifie la portée de Julien dans le secteur du marketing, mais ouvre aussi des portes à de nouveaux clients et partenaires grâce au réseau de Caroline.

Le Phénomène du Bouche-à-Oreille: Lorsque vous construisez un réseau solide, la recommandation personnelle devient un outil puissant. Les personnes de votre réseau peuvent attester de vos compétences, de votre éthique de travail et de votre fiabilité. Cela peut se traduire par des recommandations pour des postes, des projets ou des collaborations.

L'Expansion des Horizons: Un réseau diversifié offre une perspective plus large. Cela signifie être exposé à différentes industries, cultures, idées et approches. Ces nouvelles perspectives peuvent conduire à des innovations ou à des solutions à des problèmes que vous n'aviez pas envisagées auparavant.

Exemple concret: Nadia, une experte en finance, rejoint un groupe de réflexion composé d'experts de différents domaines, allant de la technologie à la santé. La combinaison de ces compétences diverses conduit à la création d'une startup qui utilise la technologie pour aider les individus à gérer leurs dépenses de santé.

Accès à des Ressources et des Compétences: Votre réseau est aussi une bibliothèque vivante. Il est composé de personnes ayant une variété de compétences et d'expériences. Avoir accès à cette bibliothèque peut vous aider à résoudre des défis, à acquérir de nouvelles compétences ou à obtenir des ressources essentielles pour vos projets.

Se positionner comme une Référence: En plus d'obtenir des opportunités, un réseau solide vous permet de devenir une source d'opportunités pour d'autres. Cela renforce votre position au sein de votre réseau, car les gens vous reconnaîtront comme une personne de valeur et de confiance.

Conseils pour amplifier ses opportunités grâce au réseau:

Soyez authentique: Les relations les plus durables sont construites sur l'authenticité. Les gens sont attirés par ceux qui sont réels et sincères.

Donnez avant de recevoir: Offrez votre aide, vos connaissances ou votre temps avant d'attendre quelque chose en retour. Cela établit une relation de confiance.

Restez en contact: Une relation nécessite de l'entretien. Même un simple message ou un appel peut renforcer une relation.

Participez activement à des événements ou des groupes de réseautage: Ce sont d'excellents moyens de rencontrer de nouvelles personnes et d'élargir votre réseau.

Soyez ouvert d'esprit: Ne jugez pas les opportunités à première vue. Une rencontre apparemment insignifiante peut mener à des opportunités majeures.

La richesse ne se mesure pas seulement en termes financiers, mais aussi en termes de relations. Un réseau solide est un trésor d'opportunités en attente d'être découvert. En investissant du temps et des efforts pour bâtir et entretenir votre réseau, vous amplifiez vos chances de succès et de prospérité.

"Votre réseau est votre valeur net." - Porter Gale

3.1.2 S'entourer de modèles de réussite

L'un des secrets les mieux gardés de la réussite est l'impact transformateur de s'entourer de personnes qui incarnent ce que nous aspirons à devenir. Ces personnes, souvent appelées **"modèles de réussite"**, sont des individus qui ont parcouru le chemin que nous souhaitons emprunter et qui peuvent offrir des perspectives, des conseils et une inspiration inestimables.

L'Effet Miroir: Lorsque nous sommes constamment en contact avec des personnes qui incarnent l'excellence, leur énergie, leur éthique de travail et leur mentalité peuvent se refléter sur nous. Leur présence agit comme un miroir, reflétant non seulement ce qu'ils sont, mais aussi ce que nous pourrions devenir.

Exemple concret: David, un entrepreneur en herbe, a toujours admiré Lucas, un entrepreneur prospère dans le domaine de la technologie. En passant du temps avec Lucas, David commence non seulement à adopter certaines de ses habitudes professionnelles, mais aussi à penser de manière plus stratégique et visionnaire.

Le Pouvoir de la Proximité: Jim Rohn, un entrepreneur et auteur renommé, a dit un jour : **"Vous êtes la moyenne des cinq personnes avec qui vous passez le plus de temps."** Cette citation souligne l'importance de s'entourer d'individus qui élèvent votre jeu. Les modèles de réussite peuvent vous tirer vers le haut, vous amener à vous surpasser et à repousser vos limites.

Apprendre par Observation: Il y a une grande valeur à apprendre par la simple observation. Voir comment un modèle de réussite gère les défis, prend des décisions ou navigue dans son domaine peut fournir des leçons précieuses. C'est un apprentissage en temps réel qui ne peut être obtenu par la simple lecture d'un livre ou le visionnage d'une conférence.

Éviter les Erreurs Courantes: Les modèles de réussite ont souvent commis des erreurs et ont appris de celles-ci. En partageant leurs expériences, ils peuvent vous aider à éviter certains pièges ou erreurs courantes, vous faisant gagner du temps, de l'énergie et des ressources.

Exemple concret: Lors d'une discussion avec sa mentor, Sarah, une jeune investisseuse, apprend les erreurs qu'elle a commises lors de ses premiers investissements. Grâce à ces leçons, Sarah peut aborder ses futurs investissements avec une meilleure connaissance et une plus grande prudence.

Construire sa Confiance: La confiance est un élément essentiel de la réussite. S'entourer de modèles de réussite peut renforcer cette confiance. Lorsque vous voyez quelqu'un qui a réussi et qui croit en vous, cela peut stimuler votre propre croyance en vos capacités.

Établir des Connexions Précieuses: Les modèles de réussite ont souvent un réseau étendu. En établissant une relation avec eux, vous pouvez également avoir accès à leur réseau, ce qui peut ouvrir des portes à des opportunités inestimables.

Comment s'entourer de modèles de réussite:

Recherchez activement: Identifiez les personnes dans votre domaine ou dans des domaines connexes que vous admirez. Cela pourrait être des auteurs, des conférenciers, des leaders d'opinion ou des entrepreneurs.

Engagez la conversation: Si vous avez l'occasion de rencontrer un modèle potentiel, engagez la conversation. Posez des questions pertinentes et montrez de l'intérêt.

Participez à des événements professionnels: Les conférences, les ateliers et les séminaires sont d'excellents endroits pour rencontrer des personnes qui pourraient devenir des modèles de réussite.

Rejoignez des groupes ou des associations: Cela peut être des groupes locaux ou des associations professionnelles qui vous mettront en contact avec des individus expérimentés dans votre domaine.

Soyez un apprenant avide: Montrez que vous êtes passionné et désireux d'apprendre. Les modèles de réussite sont souvent plus enclins à aider ceux qui montrent une véritable passion et un désir d'apprendre.

La route vers la réussite est rarement parcourue seule. S'entourer de modèles de réussite peut éclairer cette voie, offrant à la fois une inspiration et une orientation précieuses. En choisissant judicieusement avec qui vous passez votre temps, vous vous positionnez pour une croissance exponentielle et un succès durable.

3.1.3 La force de la synergie

L'ancienne maxime **"L'ensemble est plus grand que la somme de ses parties"** capture parfaitement la magie de la synergie. La synergie se produit lorsque la collaboration entre des individus ou des groupes génère un résultat qui est plus grand ou plus efficace que s'ils agissaient individuellement. Dans le contexte du réseautage et du développement personnel, comprendre et exploiter la force de la synergie est essentiel pour maximiser les opportunités et accélérer la croissance.

Comprendre la Synergie: La synergie est souvent visualisée comme 1+1=3. Cela signifie que lorsque deux personnes ou groupes unissent leurs forces, leurs ressources et leurs talents, ils peuvent réaliser plus ensemble que la simple addition de ce qu'ils auraient réalisé séparément.

Exemple concret: Imaginez deux entrepreneurs, l'un avec une excellente idée de produit, mais sans compétences en marketing, et l'autre avec une expertise en marketing, mais sans produit innovant. Ensemble, ils peuvent lancer un produit réussi sur le marché bien plus efficacement que s'ils travaillaient séparément.

La Multiplication des Ressources: L'une des plus grandes valeurs de la synergie est la multiplication des ressources. Cela ne se limite pas seulement à l'argent, mais englobe également le temps, les compétences, les connaissances et les réseaux. En travaillant en synergie, les individus peuvent tirer parti des ressources de chacun pour atteindre des objectifs communs.

La Complémentarité des Talents: Chacun de nous a des forces uniques et des domaines de compétence. La synergie permet à différents individus de combiner leurs talents de manière complémentaire. Là où l'un peut avoir des lacunes, l'autre peut exceller.

Exemple concret: Dans une start-up, un fondateur peut être un visionnaire avec de grandes idées, tandis que l'autre fondateur peut être méticuleux et orienté vers les détails. Ensemble, ils peuvent créer une entreprise qui est à la fois innovante et bien gérée.

L'Amplification des Idées: La synergie encourage la diversité des pensées. Lorsque différentes perspectives se rencontrent, elles peuvent engendrer des idées plus innovantes, créatives et robustes. C'est le fondement des séances de remue-méninges efficaces.

La Réduction des Risques: La collaboration peut également diluer le risque. En partageant les responsabilités et les ressources, les individus peuvent s'aventurer dans des domaines ou des projets qu'ils auraient peut-être considérés comme trop risqués seuls.

Comment Cultiver la Synergie dans le Réseautage:

Recherchez la Complémentarité: Lorsque vous réseautez, cherchez des personnes dont les compétences ou les ressources complètent les vôtres.

Communiquez Ouvertement: La synergie nécessite une communication transparente. Assurez-vous que toutes les parties comprennent les objectifs communs et les attentes individuelles.

Célébrez les Différences: Plutôt que de voir les différences comme des obstacles, voyez-les comme des opportunités d'approcher les problèmes sous un nouvel angle.

Construisez la Confiance: La synergie est plus efficace lorsque toutes les parties impliquées se font mutuellement confiance. Investissez du temps pour construire cette confiance.

Réévaluez Régulièrement: Comme pour toute collaboration, il est essentiel de vérifier régulièrement si les objectifs sont atteints et si la relation est toujours mutuellement bénéfique.

La synergie est un puissant amplificateur de succès. Dans un monde de plus en plus interconnecté, la capacité de travailler en synergie avec d'autres est devenue une compétence essentielle. En comprenant et en valorisant la force de la synergie, vous pouvez non seulement accélérer votre propre croissance, mais aussi contribuer de manière significative à la croissance des autres. Le réseau n'est pas seulement une question de ce que vous pouvez obtenir, mais aussi de ce que vous pouvez créer ensemble. Et lorsqu'on y pense, c'est là que réside la véritable magie de la synergie.

3.2 Construire un réseau solide

3.2.1 Identifier et se connecter aux bons interlocuteurs

Toute réussite repose sur une série de relations solides. Dans le vaste monde du réseautage, il est crucial de reconnaître que toutes les connexions ne sont pas égales. Identifier et se connecter aux bonnes personnes peut accélérer votre trajectoire vers la réussite, tandis que perdre du temps avec les mauvaises peut être un frein.

Reconnaître l'Importance des Bonnes Connexions: Il ne s'agit pas seulement de la quantité de personnes que vous connaissez, mais de la qualité de ces relations. Les bons interlocuteurs peuvent vous ouvrir des portes, vous fournir des insights précieux, et même devenir des partenaires ou des mentors. Ils peuvent vous présenter à d'autres personnes influentes, recommander vos services ou collaborer avec vous sur des projets significatifs.

Comment Identifier les Bons Interlocuteurs:

Clarté sur vos Objectifs: Pour savoir à qui vous devriez vous connecter, vous devez d'abord avoir une idée claire de vos objectifs. Posez-vous la question: **"Qu'est-ce que j'espère accomplir avec cette connexion?"**

Recherchez les Leaders d'Opinion: Ces personnes sont respectées dans leur domaine et ont souvent une grande influence. Leur approbation ou leur soutien peut vous conférer une grande crédibilité.

Valeur Mutuelle: Les meilleures relations sont celles où il y a un échange de valeur. Cherchez des personnes avec lesquelles vous pouvez avoir un partenariat gagnant-gagnant.

Écoutez et Observez: Parfois, les actions parlent plus fort que les mots. Observez comment les gens interagissent dans les groupes, les recommandations qu'ils reçoivent, et le type de contenu qu'ils partagent.

Comment Se Connecter Efficacement:

Faites vos Devoirs: Avant de tendre la main, renseignez-vous sur la personne. Cela montre que vous êtes sérieux et respectueux de leur temps.

Soyez Authentique: Les gens sont plus enclins à se connecter avec ceux qui sont vrais et sincères. Évitez d'être trop transactionnel. Montrez de l'intérêt pour eux en tant qu'individu, pas seulement pour ce qu'ils peuvent vous offrir.

Utilisez les Plateformes Sociales: Des plateformes comme LinkedIn sont inestimables pour se connecter avec des professionnels. Assurez-vous que votre profil est professionnel et à jour.

Assistez à des Événements Pertinents: Les conférences, les ateliers et les rencontres de réseautage sont d'excellents endroits pour rencontrer des personnes qui partagent des intérêts similaires.

Soyez Clair, Mais Pas Agressif: Lorsque vous vous présentez, soyez clair sur ce que vous recherchez, mais évitez d'être trop insistant ou désespéré.

Exemple concret: Claire, une jeune entrepreneure, cherchait à lancer son entreprise dans le domaine de la mode durable. Elle avait identifié plusieurs leaders d'opinion dans l'industrie avec lesquels elle voulait se connecter. Avant une grande conférence de mode, elle a passé du temps à rechercher ces individus, à comprendre leurs contributions à l'industrie et à réfléchir à la manière dont elle pourrait collaborer avec eux. Lors de la conférence, elle a pu établir des connexions significatives, en partie parce qu'elle était bien préparée et qu'elle avait une proposition de valeur claire.

Un réseau solide est comme une toile d'araignée complexe. Chaque fil a son importance, mais certains sont stratégiquement placés pour porter le poids de l'ensemble de la structure. De même, dans votre réseau, certaines connexions seront cruciales pour votre croissance et votre réussite. Identifiez-les, chérissez-les et travaillez à renforcer ces relations. Dans le voyage vers la richesse et la prospérité, ce sont souvent les personnes que vous connaissez et la manière dont vous interagissez avec elles qui peuvent faire toute la différence.

3.2.2 Entretenir ses relations

Établir un réseau solide est une étape cruciale, mais la pérennité de ce réseau dépend de la manière dont vous entretenez vos relations. Tout comme un jardinier doit arroser, tailler et nourrir ses plantes pour qu'elles prospèrent, un professionnel doit nourrir, renforcer et investir dans ses relations pour qu'elles demeurent fructueuses.

La Relation est une Plante Vivante: Chaque relation est semblable à une plante vivante. Si vous l'ignorez ou la négligez, elle risque de se flétrir et de mourir. En revanche, si vous y consacrez du temps et des efforts, elle s'épanouira et portera des fruits.

Les Fondamentaux pour Entretenir les Relations:

Communication régulière: Comme toute relation, la communication est la clé. Il ne s'agit pas de bombarder vos contacts avec des informations inutiles, mais de partager des mises à jour pertinentes, de demander des nouvelles ou simplement de dire bonjour.

Offrir de la valeur: Pensez toujours à la manière dont vous pouvez aider ou apporter de la valeur à votre réseau. Cela pourrait être sous forme de partage d'opportunités, d'information ou de ressources.

Montrer de l'intérêt authentique: Posez des questions, écoutez activement et montrez de l'intérêt pour les succès, les défis et les aspirations de vos contacts.

Célébrez les succès: Lorsque quelqu'un de votre réseau atteint un jalon ou célèbre une réussite, félicitez-le. Cela renforce le lien et montre que vous vous souciez sincèrement de leur bien-être.

Soyez présent dans les moments difficiles: Offrir du soutien ou simplement écouter lorsqu'un contact traverse une période difficile peut renforcer votre relation de manière significative.

Techniques pour un Entretien Efficace:

Calendrier de Suivi: Planifiez des rappels pour vous assurer que vous vérifiez régulièrement l'état de vos relations. Un simple email, appel ou message peut faire une énorme différence.

Rencontres régulières: Si possible, essayez d'organiser des déjeuners, des cafés ou des rencontres en face à face pour renforcer le lien.

Partage d'opportunités: Si vous tombez sur une opportunité qui pourrait bénéficier à quelqu'un de votre réseau, partagez-la. C'est un excellent moyen de montrer que vous avez leurs intérêts à cœur.

Exemple concret: Marc, un entrepreneur, avait établi un réseau impressionnant de contacts dans le secteur des technologies. Il a réalisé qu'il n'avait pas parlé à certains d'entre eux depuis des années. Plutôt que de les contacter uniquement lorsqu'il avait besoin de quelque chose, il a décidé d'organiser des dîners trimestriels où il invitait différents groupes de contacts pour se retrouver, partager des idées et renforcer leurs liens. Ces dîners sont devenus un événement prisé, renforçant non seulement la relation de Marc avec ses contacts, mais créant également de nouvelles synergies au sein du groupe.

Entretenir ses relations est un art et une science. Cela nécessite de l'intention, de l'effort et de la sincérité. En investissant du temps et de l'énergie pour entretenir vos relations, vous ne renforcez pas seulement vos liens existants, mais vous positionnez également votre réseau pour une croissance et une prospérité continues. Dans le voyage vers la richesse, il est essentiel de reconnaître que ce ne sont pas seulement les actifs financiers qui nécessitent des soins et une attention réguliers, mais aussi les actifs relationnels qui, à bien des égards, peuvent s'avérer encore plus précieux.

3.2.3 Participer activement à des événements et des forums

Dans le monde de l'entreprise et du développement personnel, être présent ne signifie pas seulement exister dans un espace, mais s'engager activement dans les forums et les événements où les idées fusent, les collaborations naissent, et les opportunités abondent. La participation active à des événements pertinents et des forums est une stratégie éprouvée pour non seulement agrandir son réseau, mais aussi pour affûter son savoir-faire et rester à jour sur les tendances du marché.

La Valeur de la Participation Active:

Opportunités d'affaires: Les événements et forums sont des plateformes où les décideurs, investisseurs et entrepreneurs se rencontrent. En étant actif, vous augmentez vos chances de tomber sur des opportunités uniques.

Développement de compétences: Les ateliers, les conférences et les séminaires sont des lieux d'apprentissage où l'on peut acquérir de nouvelles compétences ou approfondir celles que l'on possède déjà.

Renforcement de la visibilité: En participant activement, en posant des questions pertinentes et en partageant vos perspectives, vous vous positionnez comme un acteur clé dans votre domaine.

Comment Maximiser votre Participation:

Préparation: Avant l'événement, informez-vous sur les intervenants, les sujets qui seront abordés et identifiez les sessions qui vous intéressent le plus. Avoir un plan vous permettra de maximiser votre temps.

Engagement: Ne soyez pas un simple spectateur. Posez des questions, participez aux discussions et engagez-vous avec les intervenants et les participants.

Réseautage: Profitez des pauses café, des déjeuners et des sessions de networking pour rencontrer de nouvelles personnes. Ayez toujours sur vous des cartes de visite et soyez prêt à partager ce que vous faites et ce que vous recherchez.

Suivi: Après l'événement, assurez-vous de faire un suivi avec les personnes que vous avez rencontrées. Un simple e-mail ou un message sur les réseaux sociaux peut ouvrir la porte à des collaborations futures.

Exemple concret: Claire, une jeune entrepreneure dans le domaine de la technologie, a décidé d'assister à un grand forum sur l'innovation. Avant l'événement, elle a étudié l'ordre du jour et a identifié les sessions pertinentes pour son entreprise. Pendant le forum, non seulement elle a acquis de nouvelles connaissances, mais elle a aussi posé des questions pertinentes qui ont capté l'attention de nombreux participants. À la fin de l'événement, elle a été approchée par un investisseur intéressé par son projet. Cette simple participation active a conduit à un financement pour son entreprise.

Les Forums en Ligne: À l'ère numérique, la participation ne se limite pas aux événements physiques. Les forums en ligne, les webinaires et les discussions virtuelles offrent également d'excellentes opportunités. Ils permettent d'interagir avec des experts du monde entier sans les contraintes géographiques. Il est essentiel de se comporter en ligne avec le même professionnalisme et la même intention que lors d'événements en personne.

Participer activement à des événements et des forums n'est pas seulement une question de présence, mais une stratégie délibérée pour se positionner, apprendre et se connecter avec des individus partageant les mêmes idées. Dans le voyage vers la richesse et le succès, ceux qui comprennent la valeur de la participation active sont souvent ceux qui récoltent les fruits les plus juteux de leur réseau.

3.3 Maximiser les bénéfices du réseautage

3.3.1 Collaborer pour le succès mutuel

Dans le monde en constante évolution des affaires et de l'entrepreneuriat, la compétition est intense. Mais paradoxalement, une des clés du succès réside non pas dans la compétition, mais dans la collaboration. Collaborer pour le succès mutuel signifie travailler ensemble pour atteindre des objectifs communs qui profitent à toutes les parties impliquées. C'est une stratégie gagnant-gagnant où la somme des efforts collectifs dépasse souvent les résultats des efforts individuels.

La Puissance de la Collaboration:

La collaboration présente plusieurs avantages tangibles:

Accès à des ressources complémentaires: En travaillant avec d'autres, vous pouvez combiner vos compétences, connaissances, réseaux et ressources pour atteindre un objectif commun.

Diversification des perspectives: Chaque collaborateur apporte une vision unique, enrichissant le processus décisionnel et stimulant l'innovation.

Partage des risques: Dans toute entreprise, il y a des risques. Collaborer permet de les partager, rendant les défis plus gérables.

Exemple concret: Prenons l'exemple de deux entrepreneurs, Paul, un expert en marketing digital, et Sarah, une spécialiste du design graphique. Individuellement, ils offrent des services précieux. En collaborant, ils peuvent proposer une offre plus complète à leurs clients, alliant stratégie marketing et design de qualité. Ce partenariat non seulement élargit leur clientèle potentielle, mais renforce également la valeur ajoutée qu'ils apportent à chaque projet.

Comment Collaborer Efficacement:

Identifiez des partenaires alignés: La première étape consiste à trouver des individus ou des organisations qui partagent vos valeurs, vos objectifs et votre vision. La compatibilité est essentielle pour une collaboration fructueuse.

Définissez clairement les rôles et les responsabilités: Une fois que vous avez identifié un partenaire potentiel, il est essentiel de définir qui fait quoi. Une répartition claire des tâches évite les chevauchements et les malentendus.

Établissez une communication ouverte: La collaboration nécessite une communication constante. Assurez-vous de mettre en place des mécanismes pour partager les mises à jour, les progrès et les défis.

Célébrez les victoires ensemble: Chaque réussite, grande ou petite, est le résultat d'un effort conjoint. Célébrez ces moments pour renforcer les liens et la motivation.

Apprenez et ajustez: Toute collaboration peut rencontrer des obstacles. Lorsque cela se produit, il est crucial de prendre du recul, d'évaluer la situation et d'ajuster la stratégie si nécessaire.

Collaborer au-delà des Frontières:

Avec la mondialisation et la technologie, la collaboration ne se limite plus à votre ville ou à votre pays. Il est désormais possible de collaborer avec des experts du monde entier. Cette diversité géographique et culturelle peut apporter une immense valeur ajoutée à votre projet ou entreprise.

Le chemin de la richesse et du succès est parsemé d'obstacles, de défis, mais aussi d'opportunités. L'une des plus grandes opportunités réside dans la capacité de reconnaître que, parfois, le chemin le plus court vers le succès ne se fait pas seul, mais avec d'autres. En adoptant une mentalité collaborative, vous pouvez non seulement maximiser les avantages du réseautage, mais également créer des synergies puissantes qui propulsent tous les collaborateurs vers le succès mutuel.

3.3.2 Éviter les distractions et les mauvaises influences

Le réseautage, s'il est bien fait, peut être une source inestimable d'opportunités, de connaissances et de croissance. Comme toute entreprise, il comporte ses propres pièges et distractions. Savoir les identifier et les éviter est crucial pour que votre effort de mise en réseau soit fructueux.

Comprendre les distractions dans le contexte du réseautage:

Dans le monde du réseautage, une distraction peut prendre de nombreuses formes. Cela peut être une conversation qui s'éternise sans aboutir à un résultat concret, un événement qui ne correspond pas à vos objectifs ou même des personnes qui, intentionnellement ou non, vous éloignent de votre chemin.

Le mythe de la quantité: Beaucoup pensent que le succès du réseautage se mesure au nombre de cartes de visite qu'ils collectent. Ce n'est pas le cas. Mieux vaut avoir cinq connexions solides et pertinentes que cinquante contacts sans intérêt. Ne vous laissez pas distraire par la course aux nombres.

La tentation du hors-sujet: Lors des événements de réseautage, il est facile de se laisser emporter par des discussions agréables mais non pertinentes. Tandis qu'il est bon de construire des relations, il est essentiel de garder à l'esprit l'objectif principal de votre participation.

Les mauvaises influences et comment les reconnaître:

Toutes les connexions que vous établissez ne seront pas bénéfiques. Certaines peuvent même s'avérer nuisibles.

Les utilisateurs: Ce sont des individus qui cherchent à tirer profit de vous sans offrir de valeur en retour. Ils peuvent sembler intéressants au départ, mais avec le temps, il devient évident qu'ils sont plus intéressés par ce qu'ils peuvent obtenir de vous que par une relation mutuellement bénéfique.

Les pessimistes: Ces personnes sont constamment négatives, critiquant chaque idée et prédisant l'échec à chaque tournant. Bien que la critique constructive puisse être bénéfique, une négativité constante peut éroder votre confiance et votre enthousiasme.

Les distracteurs: Ce sont des individus qui, souvent sans le vouloir, vous éloignent de vos objectifs. Ils peuvent vous proposer de nouvelles **«opportunités»** toutes les semaines, vous faisant changer de direction avant que vous ayez pu accomplir quoi que ce soit.

Comment éviter ces distractions et mauvaises influences?

Ayez une intention claire: Avant de participer à un événement ou de rencontrer quelqu'un, sachez ce que vous espérez accomplir. Cela vous aidera à rester concentré et à éviter les distractions.

Faites preuve de discernement: Apprenez à écouter votre instinct. Si quelqu'un vous semble être une mauvaise influence, il se peut qu'il le soit. Il n'est pas nécessaire de couper brusquement les ponts, mais soyez conscient de l'impact potentiel de cette personne sur vos ambitions.

Fixez des limites: Ne permettez pas aux autres de monopoliser votre temps ou vos ressources. Il est bon d'être généreux, mais il est également crucial de savoir quand dire non.

Entourez-vous de positivité: Pour chaque mauvaise influence, cherchez à établir des relations avec des personnes qui vous soutiennent, vous encouragent et vous inspirent.

Exemple concret: Charlotte, une entrepreneuse en herbe, a assisté à un événement de réseautage où elle a rencontré Mark, un entrepreneur chevronné. Mark semblait avoir un million d'idées et proposait constamment à Charlotte de s'associer à divers projets. Bien qu'initialement excitée, Charlotte s'est rendu compte qu'elle était constamment tirée dans différentes directions sans faire de véritables progrès. Après avoir pris du recul, elle a décidé de se concentrer sur sa passion première et a poliment décliné les autres propositions de Mark.

Réseauter est un art, et comme tout art, il nécessite une certaine finesse. La capacité à éviter les distractions et les mauvaises influences est tout aussi importante que la capacité à établir de bonnes connexions. En restant fidèle à vos objectifs et en cultivant des relations significatives, vous pouvez maximiser les avantages du réseautage tout en minimisant les pièges potentiels.

3.3.3 Cultiver la confiance et l'intégrité

Dans l'art du réseautage, la qualité des connexions que l'on établit est souvent plus importante que leur nombre. Et la base de toute relation solide et durable, professionnelle ou personnelle, est la confiance. Couplée à l'intégrité, la confiance est le pilier central du réseautage efficace. Voyons pourquoi ces deux qualités sont essentielles et comment les cultiver.

La confiance comme monnaie d'échange :

La confiance n'est pas simplement une émotion ou une sensation agréable; c'est une monnaie d'échange dans le monde professionnel. Lorsque vous établissez la confiance avec quelqu'un, cette personne est plus encline à vous recommander, à partager des informations précieuses avec vous, ou à collaborer sur un projet.

Fonder des relations solides : Les connexions basées sur la confiance sont souvent celles qui perdurent. Les individus se sentent en sécurité en sachant qu'ils peuvent compter sur vous et que vous ne les trahirez pas.

Faciliter les transactions : Dans le monde des affaires, la confiance réduit la nécessité de processus de vérification laborieux. Si deux parties se font confiance, elles peuvent avancer plus rapidement.

L'intégrité, le fondement de la confiance : L'intégrité est définie comme la qualité de quelqu'un qui est honnête et qui a des principes moraux solides. Dans le contexte du réseautage, cela signifie être fidèle à sa parole, être transparent dans ses intentions et agir de manière cohérente avec ses valeurs.

La cohérence dans les actions : Les gens observeront comment vous agissez plutôt que ce que vous dites. Lorsque vos actions reflètent vos paroles, les gens le remarquent et vous considèrent comme une personne intègre.

La transparence des intentions : Soyez clair sur ce que vous recherchez dans une relation. Si vous souhaitez établir un partenariat, dites-le ouvertement plutôt que d'utiliser des détours.

Cultiver la confiance et l'intégrité :

Tenez vos promesses : Si vous vous engagez à faire quelque chose, faites-le. Si pour une raison quelconque vous ne pouvez pas tenir une promesse, communiquez-le rapidement et honnêtement.

Soyez authentique: Les gens peuvent généralement détecter quand quelqu'un est faux ou inauthentique. Soyez vous-même, et les gens auront plus de facilité à vous faire confiance.

Admettez vos erreurs: Tout le monde fait des erreurs. L'intégrité réside dans la capacité à les reconnaître, à s'excuser sincèrement et à prendre des mesures pour corriger le tir.

Protégez la confidentialité: Si quelqu'un partage des informations sensibles avec vous, respectez sa confiance en gardant ces informations confidentielles.

Exemple concret: Julien, un entrepreneur en démarrage, avait besoin d'un investisseur pour son projet. Il a été présenté à Nathalie, une investisseuse potentielle, lors d'un événement de réseautage. Nathalie, ayant déjà entendu parler de l'intégrité et de la fiabilité de Julien par d'autres connexions, a décidé d'investir dans son projet. Julien, fidèle à sa réputation, a utilisé l'investissement judicieusement et a régulièrement tenu Nathalie informée des progrès et des défis. Leur relation basée sur la confiance et l'intégrité a non seulement rendu leur collaboration fructueuse, mais a également conduit à d'autres opportunités pour les deux parties grâce à leurs recommandations mutuelles.

Cultiver la confiance et l'intégrité est loin d'être une stratégie de réseautage à court terme. C'est un engagement à long terme envers soi-même et envers les autres. Les bénéfices découlant de ce dévouement sont immenses. Dans un monde où la confiance est de plus en plus rare, ceux qui la possèdent et la valorisent se distinguent clairement, récoltant des avantages qui vont bien au-delà de simples transactions professionnelles.

CHAPITRE 4: GÉRER LES RISQUES INTELLIGEMMENT

4.1 Comprendre les différents types de risques

4.1.1 Les risques financiers systémiques et non systémiques

Dans le monde de la finance et des investissements, comprendre et gérer le risque est crucial pour protéger son patrimoine et maximiser ses rendements. Deux des termes les plus discutés en matière de risques financiers sont les risques **"systémiques"** et **"non systémiques"**. Bien qu'ils soient souvent utilisés dans des contextes techniques, une compréhension claire de ces concepts est essentielle pour toute personne cherchant à prospérer financièrement.

1. Le risque systémique: une menace pour le système

Le risque systémique fait référence au potentiel de défaillance ou de perturbation dans un système ou un segment entier de l'économie. Il s'agit d'un effet domino où la faillite ou la défaillance d'une entité ou d'un acteur économique majeur peut provoquer une série de faillites ou de perturbations dans d'autres parties du système.

Caractéristiques du risque systémique:

Nature contagieuse: Comme un virus qui se propage, une perturbation dans une partie du système peut rapidement s'étendre à d'autres parties.

Amplification: Une petite défaillance initiale peut entraîner une réaction en chaîne, causant des perturbations massives.

Origines diverses: Le risque systémique peut résulter de divers facteurs, tels que des bulles immobilières, des crises bancaires, ou des effondrements de marchés financiers.

2. Le risque non systémique: spécifique et isolé

Le risque non systémique, souvent appelé risque idiosyncrasique, est lié à un actif ou une entreprise en particulier. Contrairement au risque systémique qui affecte l'ensemble du marché ou du système, le risque non systémique peut être évité ou atténué par la diversification.

Caractéristiques du risque non systémique:

Nature isolée: Il est spécifique à une entreprise, une industrie ou un secteur.

Évitabilité: Par une diversification appropriée, on peut réduire considérablement ce type de risque.

Causes variées: Elles peuvent être liées à la gestion de l'entreprise, à des facteurs sectoriels, ou à des événements géopolitiques touchant un pays ou une région.

3. La distinction entre les deux

L'une des principales distinctions entre les risques systémiques et non systémiques réside dans leur gestion:

Pour le risque systémique, il est difficile pour un investisseur individuel de s'en protéger totalement. Les approches courantes pour atténuer le risque systémique comprennent la diversification géographique et sectorielle, ainsi que l'utilisation d'instruments financiers comme les options et les contrats à terme pour couvrir les positions.

Pour le risque non systémique, la diversification est la clé. En répartissant les investissements entre différentes entreprises, industries et classes d'actifs, les investisseurs peuvent réduire l'impact potentiel d'une défaillance ou d'une perturbation spécifique.

4. Pourquoi est-ce important pour les investisseurs?

Anticiper et gérer ces risques est essentiel pour les personnes souhaitant prospérer financièrement. Les événements mondiaux, qu'il s'agisse de crises financières ou d'événements géopolitiques, peuvent avoir des conséquences importantes sur les portefeuilles d'investissement. Comprendre ces deux types de risques permet de mieux élaborer des stratégies pour protéger et augmenter son patrimoine.

Les risques systémiques et non systémiques sont des composantes inhérentes au monde de l'investissement. Bien que le risque ne puisse être complètement éliminé, une compréhension approfondie de ces concepts et une gestion stratégique peuvent aider à naviguer avec succès dans les eaux parfois tumultueuses des marchés financiers. En fin de compte, une approche équilibrée, alliant prudence et ambition, permettra d'exploiter les opportunités tout en minimisant les potentielles menaces.

4.1.2 Le rapport entre risque et rendement

L'un des principes fondamentaux de l'investissement est que le rendement est directement proportionnel au risque encouru. C'est une règle d'or que tout investisseur, qu'il soit novice ou expérimenté, doit comprendre et respecter. Mais que signifie réellement cette relation entre risque et rendement, et comment peut-on l'utiliser pour guider ses décisions d'investissement?

1. Définition du risque et du rendement

Risque: Dans le contexte financier, le risque fait référence à la possibilité de perdre tout ou partie de l'investissement initial. Plus simplement, il s'agit de l'incertitude entourant tout investissement.

Rendement: C'est la récompense que l'on obtient pour avoir pris un risque. En finance, cela se traduit souvent par un pourcentage représentant ce que l'investissement rapporte par rapport à ce qui a été investi.

2. Le principe fondamental: Plus le risque est élevé, plus le rendement potentiel est élevé

Cela peut sembler contre-intuitif, mais pour obtenir des rendements plus élevés, il faut généralement accepter un niveau de risque plus élevé. Un compte d'épargne bancaire est considéré comme un investissement à faible risque, mais il offre également un rendement relativement faible. À l'opposé, les actions en bourse peuvent offrir un rendement élevé, mais elles sont également associées à un risque élevé.

3. Le compromis risque-rendement: Chaque investisseur a un **"appétit"** pour le risque qui lui est propre. Certains sont plus conservateurs et préfèrent éviter autant que possible le risque, même si cela signifie obtenir des rendements plus modestes. D'autres sont plus audacieux et sont prêts à accepter un risque élevé pour obtenir des rendements plus importants. L'essentiel est de comprendre ce compromis et de trouver un équilibre qui convient à sa tolérance personnelle au risque et à ses objectifs financiers.

4. La diversification: Une stratégie clé pour gérer le rapport risque-rendement: La diversification, qui consiste à répartir les investissements sur une variété d'actifs ou de classes d'actifs, est une méthode courante pour gérer le risque. Elle permet de compenser les pertes potentielles dans une classe d'actifs par des gains dans une autre. L'idée est que toutes les classes d'actifs n'ont pas la même performance en même temps.

5. L'importance de l'horizon temporel: Un autre facteur à considérer dans la relation risque-rendement est l'horizon temporel. En général, plus l'horizon d'investissement est long, plus il est possible de tolérer le risque. Cela est dû au fait que, sur le long terme, les marchés ont tendance à se redresser après les périodes de baisse, ce qui permet de compenser les pertes temporaires.

6. Risques divers: pas tous égaux: Il est crucial de noter que tous les risques ne sont pas égaux. Certains investissements peuvent présenter un risque de perte en capital, tandis que d'autres peuvent présenter des risques associés à l'inflation ou à la volatilité. Comprendre la nature du risque associé à un investissement particulier est essentiel pour établir une stratégie adaptée.

7. Mesurer le risque et le rendement: Il existe divers outils et méthodes pour mesurer à la fois le risque et le rendement, dont beaucoup sont utilisés par les professionnels de la finance. Le coefficient bêta mesure la volatilité d'un actif par rapport à l'ensemble du marché, ce qui peut donner une indication du risque relatif d'un investissement.

La relation entre risque et rendement est au cœur de toute décision d'investissement. En reconnaissant que chaque opportunité d'investissement comporte à la fois des risques et des potentiels de rendement, et en comprenant comment ils sont liés, les investisseurs peuvent prendre des décisions éclairées qui correspondent à leurs objectifs et à leur tolérance au risque. Dans le parcours vers la richesse, il est essentiel de ne pas seulement chercher à maximiser les rendements, mais aussi de comprendre et de gérer intelligemment les risques associés.

4.1.3 Les risques cachés dans les investissements

L'investissement est une composante essentielle de la création de richesse. Tout investissement comporte des risques. Si certains d'entre eux sont apparents et bien connus des investisseurs, d'autres, en revanche, sont plus insidieux et peuvent facilement être négligés. Ces **"risques cachés"** peuvent saboter la croissance de votre portefeuille si vous ne les identifiez pas et ne les gérez pas de manière proactive. Voyons en détail ces dangers sournois et comment les éviter.

1. Les frais et coûts inattendus

Frais de gestion: Certains fonds d'investissement prélèvent des frais de gestion qui peuvent grignoter considérablement votre rendement. Bien que ces frais puissent sembler minimes, ils s'accumulent avec le temps et peuvent avoir un impact significatif sur la croissance de votre investissement.

Frais de transaction: Les frais associés aux achats et ventes d'actifs, en particulier si vous tradez fréquemment, peuvent s'additionner rapidement.

2. Risque de liquidité: La liquidité fait référence à la facilité avec laquelle un investissement peut être converti en cash sans affecter son prix. Certains actifs, comme l'immobilier ou certains types d'actions, peuvent être difficiles à vendre rapidement. Ce manque de liquidité peut devenir un problème, surtout si vous avez besoin d'accéder à vos fonds en urgence.

3. Risques liés à la fiscalité: Les implications fiscales d'un investissement peuvent souvent être négligées lors de la prise de décision. La fiscalité peut avoir un impact considérable sur le rendement net. Il est essentiel de comprendre comment vos investissements seront taxés et de planifier en conséquence.

4. Risque d'inflation: L'inflation est l'augmentation des prix des biens et services avec le temps. Si le rendement de votre investissement ne suit pas ou ne dépasse pas le taux d'inflation, vous perdez en réalité du pouvoir d'achat. C'est un risque particulièrement pertinent pour les investissements à faible rendement.

5. Risques géopolitiques: Les événements internationaux, qu'il s'agisse de conflits, de sanctions économiques ou de crises politiques, peuvent affecter la performance de vos investissements, surtout si vous investissez dans des actifs ou des marchés étrangers.

6. Risques technologiques: L'évolution rapide de la technologie peut rendre obsolètes certaines entreprises ou industries. Si vous êtes investi dans une entreprise qui ne parvient pas à s'adapter aux changements technologiques, vous pourriez subir des pertes considérables.

7. Risque de concentration: Mettre tous vos œufs dans le même panier est risqué. Si vous investissez une part significative de votre portefeuille dans un seul actif ou une seule classe d'actifs, vous vous exposez à un risque accru si cet investissement spécifique performe mal.

8. Risques comportementaux: Les émotions peuvent jouer un rôle énorme dans les décisions d'investissement. La peur et la cupidité, en particulier, peuvent conduire à des décisions impulsives qui ne sont pas dans votre meilleur intérêt à long terme.

9. Risque de credit: Si vous détenez des obligations d'entreprise ou municipales, il y a un risque que l'émetteur ne puisse pas rembourser sa dette, ce qui pourrait entraîner une perte pour vous.

10. Risques liés à la gouvernance d'entreprise: Les décisions prises par la direction d'une entreprise peuvent avoir un impact direct sur sa valeur. Une mauvaise gouvernance ou des scandales peuvent entraîner une chute rapide et dramatique du prix de l'action.

Les risques d'investissement ne se limitent pas aux fluctuations quotidiennes des prix sur les marchés. De nombreux dangers cachés peuvent éroder vos rendements et mettre en péril votre capital. En étant conscient de ces risques et en mettant en place des stratégies pour les atténuer, vous serez mieux placé pour protéger et faire fructifier votre investissement.

Une compréhension approfondie de ces dangers, combinée à une évaluation régulière de votre portefeuille, est essentielle pour naviguer avec succès dans le paysage complexe des investissements. Après tout, la prospérité financière ne réside pas seulement dans la capacité de réaliser des profits, mais aussi dans l'art de minimiser les pertes et de naviguer habilement à travers les embûches.

L'investisseur averti est celui qui, en plus de chercher des opportunités, est constamment en alerte contre les dangers potentiels, qu'ils soient visibles ou cachés. Cela demande une vigilance constante, une éducation continue et une volonté d'adapter sa stratégie en fonction de l'évolution du paysage économique et financier. En fin de compte, la véritable richesse est le fruit de la sagesse, de la prudence et d'une stratégie d'investissement bien conçue, capable de résister aux défis imprévus du marché.

4.2 Stratégies de gestion du risqué

4.2.1 La diversification comme pilier

La quête de richesse est souvent associée à l'investissement. Même si la perspective de rendements élevés est séduisante, elle est généralement accompagnée d'un niveau de risque correspondant. Pour ceux qui aspirent à construire et à conserver leur richesse, la gestion de ces risques est essentielle. L'une des stratégies les plus efficaces et éprouvées pour y parvenir est la diversification.

Qu'est-ce que la diversification?

La diversification est une stratégie d'investissement qui consiste à répartir son capital dans un éventail d'investissements variés. L'objectif principal est de limiter l'exposition à un risque spécifique. En d'autres termes, ne pas mettre tous ses œufs dans le même panier.

Pourquoi la diversification est-elle fondamentale?

Réduction du risque spécifique: En investissant dans différents actifs ou secteurs, vous réduisez le risque associé à une entreprise ou industrie particulière. Si un de vos investissements sous-performe, les autres peuvent compenser ces pertes, stabilisant ainsi l'ensemble de votre portefeuille.

Potentiel de rendement: Diversifier permet non seulement de minimiser les risques, mais aussi d'exploiter les opportunités de différents marchés ou secteurs. Cela offre une chance de capturer des rendements positifs, même lorsque certains marchés ou secteurs sont en baisse.

Flexibilité et accès à la liquidité: Avoir une variété d'investissements signifie que vous avez une meilleure chance d'avoir toujours une partie de votre portefeuille qui se porte bien et qui peut être liquidée si nécessaire.

Comment mettre en œuvre une diversification efficace?

Diversification entre les classes d'actifs: Ne vous limitez pas à un type d'investissement. Répartissez votre portefeuille entre actions, obligations, immobilier, matières premières, etc. Chacune de ces classes d'actifs réagit différemment aux conditions économiques, offrant une protection contre les fluctuations imprévisibles du marché.

Diversification géographique: Ne concentrez pas vos investissements dans une seule région ou un seul pays. Les marchés internationaux offrent de nombreuses opportunités, et investir à l'étranger peut protéger votre portefeuille contre les risques associés à votre marché domestique.

Diversification sectorielle: Évitez de trop investir dans un seul secteur, qu'il s'agisse de la technologie, de la santé, de la finance ou de tout autre domaine. Les secteurs ont tendance à évoluer en cycles, et une diversification sectorielle peut protéger votre portefeuille contre les aléas de ces cycles.

Diversification au sein des classes d'actifs: Même au sein d'une classe d'actifs spécifique, comme les actions, il y a une place pour la diversification. Investissez dans des entreprises de différentes tailles, de différents secteurs et avec différentes structures de capital.

Utilisez des fonds communs de placement ou des ETF: Ces instruments offrent une diversification instantanée, car ils investissent généralement dans un large éventail d'actifs. Ils sont particulièrement utiles pour les investisseurs qui n'ont pas le capital ou l'expertise nécessaires pour créer un portefeuille diversifié par eux-mêmes.

Les pièges à éviter

Sur-diversification: Alors que la diversification est essentielle, il est possible d'en faire trop. Si vous détenez trop d'investissements, il devient difficile de suivre et de gérer efficacement votre portefeuille. Trouvez un équilibre.

Négliger la corrélation: Assurez-vous que vos investissements sont réellement diversifiés et non simplement liés les uns aux autres. Deux actifs différents peuvent en réalité être fortement corrélés et réagir de la même manière aux conditions du marché.

La diversification n'est pas simplement une tactique; c'est un pilier fondamental de la gestion intelligente du risque. En comprenant et en appliquant correctement les principes de la diversification, vous pouvez naviguer avec plus de sécurité sur les marchés turbulents, protégeant votre capital tout en offrant un potentiel de croissance. Dans le voyage vers la richesse, ce n'est pas seulement la

4.2.2 Les techniques de couverture (hedging)

Tout investisseur, qu'il soit débutant ou expérimenté, sait que le monde des investissements est intrinsèquement lié aux risques. Ceux qui réussissent à amasser des fortunes sont souvent ceux qui maîtrisent l'art de minimiser ces risques tout en maximisant leurs rendements. L'une des méthodes préférées des professionnels pour gérer ces risques est la technique de couverture, ou **"hedging"** en anglais.

Qu'est-ce que le hedging?

Le hedging est une stratégie utilisée pour protéger un investissement contre les fluctuations potentielles du marché. En termes simples, il s'agit de prendre une position qui compensera toute perte potentielle d'un autre investissement. L'objectif principal n'est pas de réaliser un profit, mais de réduire le risque de perte.

Pourquoi utiliser le hedging?

Le principal avantage du hedging est de fournir une assurance contre les incertitudes du marché. Si les marchés bougent contre vous, votre position de couverture peut compenser ces pertes. Il s'agit essentiellement d'une forme d'assurance pour vos investissements.

Techniques de couverture courantes:

Contrats à terme (Futures): Il s'agit d'accords légaux pour acheter ou vendre un actif particulier à un prix spécifique à une date ultérieure. Les investisseurs peuvent utiliser les contrats à terme pour fixer un prix maintenant, réduisant ainsi l'incertitude future.

Options: Une option donne à l'investisseur le droit, mais non l'obligation, d'acheter ou de vendre un actif à un prix déterminé avant une date spécifiée. Les options peuvent être utilisées pour protéger un portefeuille contre les baisses tout en permettant de bénéficier des hausses.

Swap: C'est un accord entre deux parties pour échanger des flux financiers. Un swap de taux d'intérêt pourrait impliquer l'échange d'un taux d'intérêt fixe contre un taux d'intérêt variable.

Investir dans des actifs inverses: Cela implique d'investir dans des actifs qui ont tendance à évoluer dans la direction opposée à vos principaux investissements. Si vous pensez que le marché des actions va baisser, vous pourriez investir dans des actifs qui ont tendance à augmenter lorsque le marché des actions baisse.

Couverture naturelle: Cela se produit lorsque les activités normales d'une entreprise compensent un risque particulier. Une entreprise qui génère des revenus dans différentes devises bénéficie d'une couverture naturelle contre les fluctuations des taux de change.

Les défis du hedging :

Coût: Comme toute assurance, le hedging a un coût. Les investisseurs doivent peser les coûts de la mise en place d'une stratégie de couverture par rapport aux avantages potentiels de la réduction des risques.

Complexité: Les stratégies de couverture peuvent être complexes et nécessitent une compréhension approfondie des produits financiers utilisés.

Pas de protection complète: Même avec une stratégie de couverture en place, il n'y a aucune garantie que les pertes seront entièrement compensées.

Conseils pour une couverture efficace:

Évaluer régulièrement: Le marché est en constante évolution, et ce qui fonctionne aujourd'hui pourrait ne pas fonctionner demain.

Assurez-vous de revoir et d'ajuster régulièrement vos stratégies de couverture.

Ne surprotégez pas: Trop de couverture peut étouffer vos rendements potentiels. Trouvez un équilibre entre protection et exposition au marché.

Faites appel à des experts: Si vous n'êtes pas sûr de la manière de mettre en œuvre une stratégie de couverture, consultez un expert financier.

Le hedging est un outil puissant que les investisseurs peuvent utiliser pour protéger leurs actifs. Bien qu'il ne garantisse pas l'absence de pertes, il peut fournir une certaine tranquillité d'esprit face à l'incertitude du marché. Comme pour toutes les stratégies d'investissement, il est essentiel de comprendre pleinement les risques et les avantages avant de se lancer.

4.2.3 L'importance d'une réserve d'urgence

Dans le parcours ambitieux vers la richesse, on peut facilement négliger certaines étapes fondamentales qui assurent une progression solide et sécurisée. Une de ces étapes cruciales est la création d'une réserve d'urgence. Elle est le filet de sécurité qui protège contre les imprévus et garantit que le chemin vers la prospérité ne sera pas entravé par des obstacles inattendus.

Qu'est-ce qu'une réserve d'urgence?

Une réserve d'urgence est une somme d'argent mise de côté, facilement accessible, destinée à couvrir les dépenses inattendues ou les pertes de revenus. Elle n'est pas faite pour générer des rendements ou être investie, mais pour offrir une sécurité en cas de coup dur.

Pourquoi est-ce si crucial?

Protection contre les imprévus: Des accidents aux réparations domestiques en passant par une perte d'emploi soudaine, la vie est remplie d'imprévus. Avoir une réserve d'urgence signifie que vous n'aurez pas à paniquer ou à contracter des dettes lorsqu'une situation inattendue se présente.

Réduction du stress: Savoir que vous avez une somme d'argent mise de côté en cas de problème vous procure une tranquillité d'esprit. Vous pouvez prendre des décisions plus éclairées sans la pression financière immédiate.

Éviter le recours à l'endettement: Sans une réserve, vous pourriez être tenté de recourir à des crédits ou des prêts lors d'urgences, ce qui peut vous entraîner dans un cycle de dettes coûteuses.

Flexibilité financière: Dans le cas d'une opportunité d'investissement à court terme ou d'une transition de carrière, avoir une réserve d'urgence vous offre la liberté de saisir l'occasion sans compromettre votre bien-être financier.

Combien faut-il épargner?

La taille idéale de votre réserve d'urgence dépend de votre situation personnelle. Un conseil couramment accepté est de disposer d'au moins trois à six mois de dépenses essentielles. Certains experts recommandent même de viser jusqu'à un an pour ceux qui veulent une sécurité maximale.

Comment constituer une réserve d'urgence?

Évaluer vos dépenses: Avant tout, vous devez savoir combien vous dépensez chaque mois. Cela inclut les factures, les dépenses courantes, les remboursements de prêts, etc.

Fixer un objectif: Une fois que vous connaissez vos dépenses mensuelles, multipliez ce montant par le nombre de mois que vous souhaitez couvrir (par exemple, six mois).

Commencer petit: Si l'objectif semble énorme, commencez petit. Mettez de côté une somme fixe chaque mois, même si elle est modeste.

Automatisez l'épargne: Pour éviter d'oublier ou de négliger de mettre de l'argent de côté, configurez un virement automatique vers un compte d'épargne dédié à votre réserve.

Reconsidérez vos dépenses: Réduisez les dépenses inutiles et cherchez des moyens de générer des revenus supplémentaires pour accélérer la constitution de votre réserve.

Gardez l'argent accessible: Votre réserve d'urgence doit être facilement accessible. Les comptes d'épargne à haut rendement sont souvent un excellent choix car ils offrent un certain intérêt tout en maintenant la liquidité.

Que faire une fois la réserve constituée?

Une fois que vous avez atteint votre objectif, il pourrait être tentant de dépenser cet argent. Résistez à cette envie. Si vous utilisez une partie de cette réserve, assurez-vous de la reconstituer aussi rapidement que possible.

La constitution d'une réserve d'urgence n'est pas une étape facultative sur le chemin de la richesse; c'est un impératif. Elle offre non seulement une protection contre les aléas de la vie, mais elle instille également une discipline financière qui sera précieuse à mesure que vous progresserez vers vos objectifs financiers plus vastes. Dans un monde d'incertitudes, avoir une réserve d'urgence est un signe de sagesse et d'anticipation, deux qualités essentielles des personnes prospères.

4.3 Cultiver une mentalité résiliente

4.3.1 Apprendre de ses erreurs financières

Le chemin vers la prospérité est rarement linéaire. Même les personnes les plus fortunées ont rencontré des obstacles, commis des erreurs et traversé des périodes difficiles. Ce qui distingue les véritables visionnaires financiers, ce n'est pas l'absence d'erreurs, mais plutôt leur capacité à apprendre de ces expériences pour éviter de les répéter. Les erreurs financières, bien que douloureuses, peuvent devenir des leçons précieuses pour ceux qui choisissent de les voir sous cet angle.

Les erreurs financières: des leçons déguisées

Chaque erreur est une occasion d'apprentissage. Ce principe s'applique particulièrement bien au monde de la finance. Si l'on examine rétrospectivement une erreur financière, on peut souvent identifier les signaux d'alerte, les fausses hypothèses ou les mauvaises décisions qui ont conduit à cette situation.

Pourquoi apprendre de ses erreurs est crucial

Éviter la répétition: Une fois que vous avez identifié la cause fondamentale d'une erreur, vous pouvez mettre en place des stratégies pour éviter de la reproduire.

Renforcer la confiance: Accepter et comprendre vos erreurs vous permet de reprendre le contrôle de votre parcours financier et de renforcer votre confiance en vos décisions futures.

Développer une vision plus claire: L'analyse de vos erreurs vous permet d'affiner votre compréhension du monde financier, de vos propres valeurs et objectifs, et de la manière dont ces éléments interagissent.

Comment tirer des leçons de ses erreurs financières

Acceptez l'erreur: Le déni est un ennemi de l'apprentissage. Reconnaître une erreur est la première étape pour en tirer une leçon.

Analysez objectivement: Prenez du recul et examinez les événements qui ont conduit à l'erreur. Était-ce dû à un manque d'information, à une émotion impulsive, à des conseils mal avisés ou à autre chose?

Identifiez les enseignements clés: Chaque erreur a une leçon à offrir. Cela pourrait être la nécessité de faire plus de recherches, de consulter différents experts ou de prendre le temps de réfléchir avant de prendre une décision importante.

Mettez en place des mesures correctives: Ce sont des actions concrètes pour éviter de reproduire l'erreur. Si, vous avez investi impulsivement dans une action sans faire de recherche, votre mesure corrective pourrait être de mettre en place un processus d'analyse systématique pour les futurs investissements.

Partagez vos expériences: Discuter de vos erreurs avec des personnes de confiance ou au sein de groupes de discussion peut vous offrir de nouvelles perspectives. Partager vos expériences peut aider d'autres à éviter les mêmes pièges.

Soyez patient et bienveillant envers vous-même: L'apprentissage est un processus. Ne soyez pas trop dur envers vous-même. Acceptez que l'erreur fasse partie du voyage, mais que la croissance vient de la manière dont vous y réagissez.

Des exemples d'erreurs et leurs leçons

Ne pas épargner tôt pour la retraite: La leçon ici est de comprendre la puissance de la capitalisation et l'importance de commencer à épargner tôt, même si c'est un petit montant.

S'endetter pour un mode de vie luxueux: Cette erreur met en évidence la nécessité de vivre selon ses moyens et de comprendre que la richesse véritable ne se mesure pas à la valeur des possessions, mais à la sécurité financière et à la liberté qu'elle procure.

Suivre aveuglément les conseils d'un ami: Ici, la leçon est de toujours faire ses propres recherches et de comprendre qu'un investissement bénéfique pour une personne ne l'est pas nécessairement pour une autre.

Les erreurs financières sont courantes, mais c'est votre réaction qui compte. Une mentalité orientée vers l'apprentissage transforme ces erreurs en leçons. Les personnes prospères utilisent ces erreurs comme des occasions de croissance.

4.3.2 Ne pas laisser la peur dicter les décisions

La peur est une émotion fondamentale, ancrée dans la biologie humaine pour protéger contre les dangers potentiels. Mais dans le contexte de la finance et de la prise de décision, la peur peut souvent être un frein, empêchant les individus de saisir des opportunités ou de prendre des risques calculés qui pourraient mener à la prospérité.

Comprendre la peur dans les décisions financières

Dans le domaine financier, la peur provient souvent de la crainte de perdre de l'argent ou de l'ignorance. Elle peut entraîner une hésitation à investir, une aversion pour le risque ou le maintien d'investissements non rentables par crainte de pertes.

Les conséquences de la prise de décision basée sur la peur

Opportunités manquées: En évitant tout risque, on peut aussi éviter des opportunités d'investissement fructueuses.

Décisions impulsives: La peur peut mener à des réactions émotionnelles, comme vendre un actif précipitamment lors d'une baisse du marché.

Diversification insuffisante: La peur peut conduire à mettre tous ses œufs dans le même panier, augmentant ainsi le risque global.

Techniques pour surmonter la peur dans la prise de décision

Éducation financière: L'ignorance est souvent une source majeure de peur. En apprenant davantage sur les investissements, les marchés et les principes financiers, on peut réduire cette incertitude.

Reconnaissance et acceptation: Il est crucial de reconnaître la peur comme une émotion normale mais aussi de comprendre qu'elle n'est pas toujours une conseillère fiable.

Consultation d'experts: Travailler avec des conseillers financiers ou des experts peut aider à clarifier les situations et à apporter un second avis sur les décisions à prendre.

Fixer des objectifs clairs: En ayant une vision claire de ce que l'on souhaite atteindre, il est plus facile de ne pas se laisser détourner par des émotions passagères.

Stratégie d'investissement: Adopter une stratégie d'investissement à long terme permet de ne pas se laisser influencer par les fluctuations à court terme du marché.

Méditation et pleine conscience: Ces techniques peuvent aider à gérer le stress et l'anxiété, et à prendre des décisions plus équilibrées.

Exemples de peurs courantes et comment les surmonter

Peur de l'inconnu: Ceci peut être surmonté en recherchant, en se formant et en se familiarisant avec les domaines inconnus.

Peur de la perte: Se rappeler que tous les investissements comportent des risques et que les marchés ont des hauts et des bas. Adopter une perspective à long terme peut aider.

Peur du jugement: Se rappeler que chaque investisseur a sa propre trajectoire unique. Ce qui fonctionne pour une personne ne fonctionne pas nécessairement pour une autre. Restez fidèle à vos propres objectifs et besoins.

La résilience face à la peur

Les individus prospères et résilients ont appris à ne pas ignorer la peur, mais plutôt à l'utiliser comme un signal, une indication qu'il y a quelque chose à examiner de plus près. Ils ont cultivé la capacité de prendre du recul, d'évaluer objectivement une situation et de décider de la meilleure marche à suivre. Plutôt que de voir la peur comme un obstacle, ils la voient comme un défi à surmonter.

Surmonter sa peur est essentiel pour gérer les risques financiers. En comprenant et en dépassant cette émotion, on prend des décisions éclairées pour construire un avenir financier solide.

4.3.3 Rester informé et vigilant

Dans le domaine financier en perpétuelle évolution, être résilient signifie s'adapter, se tenir informé et rester vigilant. L'information est essentielle pour naviguer sereinement à travers les défis financiers.

L'importance de rester informé

Anticipation des tendances: En restant à jour avec les informations du marché, vous pouvez anticiper les tendances émergentes et prendre des décisions avant que ces tendances ne deviennent mainstream.

Éviter les pièges: L'information permet de reconnaître les signes avant-coureurs d'une bulle financière, d'une escroquerie ou d'une mauvaise décision d'investissement.

Opportunités de croissance: L'accès à des informations pertinentes peut révéler des opportunités d'investissement non encore exploitées.

Stratégies pour rester informé

S'abonner à des publications financières: Des magazines tels que "**The Economist**", "**Forbes**", ou "**Financial Times**" offrent des analyses approfondies des tendances mondiales.

Utiliser les technologies: Des applications comme Bloomberg ou Yahoo Finance permettent un suivi en temps réel des marchés.

Réseaux professionnels: Rejoindre des organisations ou des clubs d'investissement peut offrir des perspectives nouvelles et des retours d'expérience précieux.

Formation continue: Participer à des séminaires, des webinaires ou des cours peut renforcer votre compréhension des marchés et affiner vos compétences.

Vigilance: au-delà de l'information

La vigilance va de pair avec l'information. Il ne suffit pas de s'informer; il faut aussi être vigilant quant à la provenance des informations, leur pertinence et leur actualité.

Évaluer la source: Toutes les informations ne sont pas créées égales. Certains médias peuvent avoir des biais ou des agendas cachés.

Vérification des faits: Avant de prendre une décision basée sur une information, assurez-vous de sa véracité en croisant avec d'autres sources.

Être sceptique: Adoptez une attitude questionnante. Si quelque chose semble trop beau pour être vrai, cela pourrait bien être le cas.

Exemples de vigilance dans la pratique

L'affaire Enron: Ce géant de l'énergie a été impliqué dans un scandale comptable majeur. Les investisseurs vigilants auraient remarqué des irrégularités dans les rapports financiers d'Enron bien avant que le scandale n'éclate au grand jour.

La bulle Internet de la fin des années 1990: Beaucoup ont été emportés par l'excitation des start-ups de la technologie, mais les investisseurs vigilants auraient posé des questions critiques sur la valorisation de ces entreprises et leur capacité à générer des profits.

La résilience grâce à la vigilance et à l'information

L'information peut éclairer ou induire en erreur. Les personnes résilientes savent en tirer le meilleur parti en la combinant à une grande vigilance. Dans le monde financier, rester informé est un engagement continu. Il faut être attentif, savoir quand agir et comprendre qu'il ne suffit pas de gagner de l'argent, mais aussi de le protéger, le faire fructifier et maximiser les gains tout au long du parcours.

CHAPITRE 5: VIVRE EN DESSOUS DE SES MOYENS POUR INVESTIR LA DIFFÉRENCE

5.1 Les dangers de la surconsommation

5.1.1 La culture de l'endettement

L'une des principales caractéristiques des sociétés modernes est la facilité avec laquelle nous pouvons accéder au crédit. Cette accessibilité, combinée à une culture consumériste agressive, a donné naissance à ce que nous appelons aujourd'hui la **"culture de l'endettement"**. Bien que l'endettement puisse parfois être un outil utile, son utilisation irréfléchie peut conduire à des situations financières précaires, voire désastreuses.

Comprendre la culture de l'endettement

À la base de la culture de l'endettement se trouve l'idée que nous méritons de posséder, d'utiliser ou de consommer certains biens ou services, même si nous n'en avons pas les moyens financiers immédiats. Des publicités attrayantes nous vendent l'idée du **"achetez maintenant, payez plus tard"**, souvent sans insister sur les conséquences à long terme de telles décisions.

Les symptômes de la culture de l'endettement

Achats impulsifs: L'acquisition d'articles non essentiels grâce aux cartes de crédit sans penser aux conséquences financières à long terme.

Vivre au-dessus de ses moyens: Mener un train de vie qui dépasse régulièrement ses revenus, en s'appuyant constamment sur le crédit pour combler le déficit.
Endettement croissant: Accumuler des dettes sur des cartes de crédit, des prêts personnels, des prêts étudiants et d'autres formes de crédit sans avoir de plan clair pour les rembourser.

Exemples concrets

Julie, 30 ans, est tombée dans le piège des cartes de crédit à l'université. Attirée par les offres de récompenses et les limites de crédit élevées, elle a accumulé une dette importante en achetant des vêtements, des gadgets et en sortant avec des amis. Aujourd'hui, elle lutte pour rembourser ses dettes tout en essayant de gérer ses autres responsabilités financières.

Pierre a toujours voulu conduire une voiture de luxe. Même s'il avait un salaire décent, il n'avait pas les moyens d'acheter la voiture de ses rêves comptant. Il a donc opté pour un financement à long terme avec des taux d'intérêt élevés. Au fil du temps, la valeur de la voiture a diminué, mais la dette de Pierre est restée constante, le laissant avec un passif dépassant la valeur de son actif.

Les conséquences de l'endettement excessif

Stress financier: L'accumulation de dettes peut entraîner un stress émotionnel et mental, impactant la qualité de vie et le bien-être général.
Compromis sur les objectifs à long terme: L'argent utilisé pour rembourser les dettes pourrait être investi pour réaliser des objectifs à long terme, tels que l'achat d'une maison ou la retraite.
Réputation financière affectée: Un endettement excessif peut entraîner un mauvais score de crédit, rendant difficile l'accès à de futurs crédits ou à des taux d'intérêt favorables.

Comment résister à la culture de l'endettement

Éducation financière: Comprendre les bases de la finance personnelle et les conséquences des dettes peut aider à prendre des décisions éclairées.

Budgeting: Établir un budget et s'y tenir crée une discipline financière et aide à vivre en dessous de ses moyens.

Éviter les tentations: Limiter l'exposition aux publicités, ne pas mémoriser les informations de carte de crédit sur les sites d'achat en ligne et éviter les lieux de tentation peuvent réduire les achats impulsifs.

La culture de l'endettement, alimentée par le consumérisme et facilitée par l'accès facile au crédit, est un piège dans lequel de nombreuses personnes tombent. Toutefois, en étant conscient des dangers de l'endettement excessif et en adoptant une approche disciplinée de la finance personnelle, il est possible de résister à cette culture. Les personnes véritablement riches et prospères reconnaissent la valeur de vivre en dessous de leurs moyens et de l'importance d'investir la différence pour construire un avenir financier solide.

5.1.2 Les pressions sociales et le besoin d'afficher sa richesse

Dans la quête de réussite et de reconnaissance, beaucoup se trouvent pris au piège des pressions sociales qui les incitent à afficher leur richesse ou leur statut. Dans de nombreux cercles sociaux et cultures, la richesse et le succès sont souvent mesurés par des signes extérieurs, qu'il s'agisse de voitures de luxe, de maisons opulentes ou de vacances exotiques. Mais à quel coût?

La montée des pressions sociales

Avec l'avènement des médias sociaux, il n'a jamais été aussi facile d'exposer sa vie aux yeux du monde. Instagram, Facebook, TikTok et d'autres plateformes sont devenus des vitrines où les individus mettent en scène les moments les plus glamours de leur vie. Les **"likes"** et les commentaires positifs deviennent alors une forme de validation sociale.

Les dangers de "l'effet Jones"

L'adage **"Essayer de suivre les Jones"** illustre parfaitement ce phénomène. Si notre voisin achète une nouvelle voiture, nous ressentons soudain le besoin d'en acheter une aussi. Si un ami poste des photos d'un voyage luxueux, nous commençons à ressentir que nos propres vacances ne sont pas à la hauteur.

Exemples concrets

Élodie, après avoir vu ses amis sur les réseaux sociaux dans des restaurants chics et des destinations de vacances à la mode, a ressenti la pression de faire de même. Malgré un salaire modeste, elle a commencé à dîner dans des endroits coûteux et à planifier des voyages onéreux, tout cela pour maintenir une certaine image sur les réseaux sociaux.

Marc, après avoir été promu à un poste de direction, a ressenti le besoin de déménager dans un quartier huppé, bien au-dessus de ses moyens, simplement pour refléter son nouveau statut professionnel auprès de ses collègues et amis.

Les conséquences psychologiques et financières

Endettement: Vivre au-dessus de ses moyens pour répondre aux pressions sociales peut rapidement entraîner des dettes et des difficultés financières.
Insatisfaction chronique: Malgré tous les achats et les dépenses, le bonheur est souvent éphémère. La poursuite incessante d'une meilleure image peut laisser un sentiment persistant de ne jamais être **"assez bien"**.
Érosion des valeurs personnelles: Dans la course à l'affichage de la richesse, les individus peuvent perdre de vue ce qui compte vraiment pour eux.

Repenser la définition de la réussite

La véritable richesse ne réside pas dans les biens matériels, mais dans les expériences vécues, les relations entretenues et le sentiment de satisfaction intérieure. À la place de se concentrer sur ce que la société perçoit comme des signes de réussite, il est essentiel de redéfinir ce que signifie réussir pour soi-même.

Stratégies pour résister à la pression sociale

Introspection: Prenez un moment pour réfléchir à ce qui compte vraiment pour vous. Vos dépenses reflètent-elles vos véritables valeurs ou répondez-vous simplement aux attentes des autres?

Évitez la comparaison: Comprenez que les médias sociaux ne montrent souvent que le meilleur aspect de la vie des gens. Célébrez vos propres réussites, quelles qu'elles soient, plutôt que de vous comparer aux autres.

Fixez des limites: Si vous ressentez constamment la pression des réseaux sociaux, il peut être utile de prendre une pause. Cela peut vous aider à vous recentrer sur ce qui est essentiel.

Si l'affichage de la richesse peut apporter une gratification immédiate, il est essentiel de reconnaître les pressions sous-jacentes qui nous poussent dans cette direction. En fin de compte, les individus véritablement prospères et épanouis sont ceux qui vivent selon leurs propres termes, indépendamment des attentes ou des jugements de la société. Ils reconnaissent la valeur de vivre en dessous de leurs moyens et investissent la différence non pas dans des biens matériels, mais dans des expériences enrichissantes et un avenir financier stable.

5.1.3 La différence entre besoins et envies

Au cœur de la philosophie financière responsable se trouve un concept fondamental: distinguer les besoins des envies. Bien que cela puisse sembler simple en surface, la ligne qui sépare les deux est souvent floue, et notre société consumériste ne fait qu'intensifier la confusion. Décortiquer ces concepts peut non seulement aider à maîtriser ses finances, mais également à vivre une vie plus alignée avec ses véritables valeurs.

Définir les besoins

Les besoins se rapportent à tout ce qui est essentiel pour notre survie et notre bien-être de base. Cela inclut:

Nourriture: Pas nécessairement un repas gastronomique, mais une nutrition adéquate pour rester en bonne santé.

Logement: Un endroit sûr et sécurisé pour vivre, pas nécessairement une demeure luxueuse.
Vêtements: Des habits pour se protéger des éléments, et non des marques coûteuses ou des tendances éphémères.
Santé: Accès aux soins médicaux de base, médicaments et autres nécessités liées à la santé.
Éducation: Les outils et ressources nécessaires pour l'apprentissage et le développement personnel.

Définir les envies

Les envies, en revanche, sont des choses que nous désirons avoir, mais qui ne sont pas essentielles à notre survie ou à notre bien-être. Elles sont souvent influencées par la culture, la société, ou les cercles sociaux. Par exemple:

Technologie de pointe: Vouloir le dernier modèle de smartphone alors que l'ancien fonctionne toujours.
Voyages luxueux: Rêver d'une escapade dans un resort 5 étoiles alors qu'un séjour plus modeste pourrait tout aussi bien vous ressourcer.
Marques de luxe: Préférer une paire de chaussures de designer alors qu'une paire plus abordable pourrait faire l'affaire.

Exemples concrets

Claire, mère célibataire, reconnaît que son besoin principal est de fournir un toit sûr à ses enfants. Elle ressent parfois l'envie d'emmener sa famille dans des vacances luxueuses comme le font certaines de ses amies, même si cela mettrait son budget en péril.

Thomas, récemment diplômé, ressent le besoin d'avoir un moyen de transport pour aller au travail. Bien que le besoin soit réel, l'envie d'avoir une voiture de sport coûteuse plutôt qu'un modèle économique est influencée par le désir de faire une impression.

Les dangers de ne pas distinguer besoins et envies

Endettement: Les envies, lorsqu'elles sont financées par des crédits, peuvent entraîner une spirale d'endettement.

Insatisfaction: Même après avoir obtenu ce que l'on désire, le bonheur est souvent éphémère, car il y a toujours une nouvelle envie à l'horizon.
Éloignement des véritables objectifs: Se concentrer sur les envies peut détourner l'attention des véritables objectifs et aspirations.

Comment distinguer les besoins des envies

Auto-réflexion: Avant un achat, posez-vous la question: "En ai-je vraiment besoin, ou est-ce juste quelque chose que je désire?"
Délai d'attente: Si vous avez envie d'acheter quelque chose, attendez 30 jours. Si après ce délai, vous le désirez toujours ardemment, cela pourrait valoir la peine de l'envisager.
Budget: Ayez un budget clair qui distingue les dépenses nécessaires des dépenses discrétionnaires. Cela aide à visualiser où va l'argent et à prendre des décisions éclairées.

La différenciation entre besoins et envies est cruciale pour une gestion financière saine. C'est une compétence qui, une fois maîtrisée, peut mener à une vie plus équilibrée, moins de stress financier, et un sentiment d'accomplissement. Les individus prospères reconnaissent cette distinction et s'efforcent de vivre en dessous de leurs moyens, investissant judicieusement la différence. En comprenant et en appliquant ce concept, on peut s'aligner davantage sur ce qui compte vraiment, tout en bâtissant une solide santé financière.

5.2 Techniques pour économiser efficacement

5.2.1 Budgétisation et suivi des dépenses

La budgétisation est souvent perçue comme une tâche contraignante, une corvée que l'on préfère éviter. Comprendre et suivre ses dépenses est l'une des étapes les plus fondamentales pour acquérir une santé financière solide, une étape que les personnes prospères maîtrisent et respectent consciencieusement.

L'importance de la budgétisation

La budgétisation est le processus de planification de la manière dont vous allez dépenser et épargner votre argent. Elle vous permet de :

Avoir une vision claire: Connaître exactement où va chaque euro vous donne le pouvoir sur vos finances.
Éviter les dépenses excessives: Un budget vous aide à rester dans les limites de vos moyens, prévenant ainsi l'endettement.
Atteindre vos objectifs financiers: Qu'il s'agisse d'économiser pour un acompte sur une maison, des vacances, ou la retraite, un budget est votre carte routière.

Comment établir un budget

Identifiez vos revenus: Notez tous vos revenus, qu'il s'agisse de salaires, de revenus locatifs ou d'autres sources.
Listez vos dépenses fixes: Cela inclut le loyer, les prêts, les assurances, et toutes autres dépenses récurrentes.
Énumérez vos dépenses variables: Comme l'alimentation, les loisirs, l'essence, etc.
Comparez revenus et dépenses: Cela vous donnera une image claire de votre situation financière.
Ajustez en conséquence: Si vos dépenses dépassent vos revenus, il est temps de réfléchir à des coupes ou à des moyens d'augmenter vos revenus.

L'importance du suivi des dépenses

Suivre vos dépenses est tout aussi crucial que de créer un budget. Si la budgétisation est la carte, alors le suivi des dépenses est la boussole qui assure que vous restez sur le bon chemin.

Connaissance: Vous découvrirez peut-être que vous dépensez beaucoup plus dans certaines catégories que vous ne le pensiez.
Réajustement: En suivant vos dépenses, vous pouvez ajuster votre budget pour refléter la réalité.
Prévention: Cela peut également aider à identifier et prévenir les fraudes ou les erreurs dans vos comptes.

Exemples concrets

Marianne, après avoir suivi ses dépenses pendant un mois, a réalisé qu'elle dépensait une somme exorbitante en cafés et en repas à emporter. En réduisant ces dépenses, elle a pu économiser suffisamment pour suivre un cours qu'elle souhaitait depuis longtemps.

Lucas avait l'impression que malgré un salaire confortable, il peinait toujours à joindre les deux bouts à la fin du mois. Après avoir établi un budget, il a découvert qu'il dépensait une grande partie de ses revenus dans des abonnements inutilisés et des achats impulsifs.

Outils et techniques pour le suivi

À l'ère numérique, suivre ses dépenses est devenu plus facile que jamais. De nombreuses applications et logiciels sont disponibles pour vous aider:

Applications de suivi des dépenses: Des applications comme "Mint" ou "You Need a Budget" peuvent se connecter à vos comptes bancaires et suivre automatiquement vos dépenses pour vous.
Feuilles de calcul: Pour ceux qui préfèrent une approche plus manuelle, les feuilles de calcul Excel ou Google Sheets peuvent être personnalisées pour répondre à vos besoins.
Agendas et carnets: Pour ceux qui aiment l'aspect tangible, noter les dépenses dans un carnet peut être une méthode efficace.

Conseils pour une budgétisation efficace

Soyez réaliste: Si votre budget est trop restrictif, il sera difficile de s'y tenir.
Revoyez-le régulièrement: Vos revenus et dépenses peuvent changer. Revoyez votre budget au moins tous les mois.
Économisez d'abord: Adoptez la méthode **"payez-vous d'abord"**. Avant de dépenser quoi que ce soit, mettez de côté une partie de vos revenus pour l

5.2.2 Rechercher des sources de revenus supplémentaires

Dans la quête de la prospérité financière, vivre en dessous de ses moyens est une stratégie essentielle. Il y a une limite à laquelle on peut réduire les dépenses. Dès lors, une approche complémentaire s'impose: augmenter ses revenus. La recherche de sources de revenus supplémentaires peut non seulement accélérer vos objectifs financiers, mais aussi vous offrir une sécurité en cas de revers économiques imprévus.

Pourquoi chercher des sources de revenus supplémentaires?

Diversification des revenus: Tout comme en investissement, la diversification de vos sources de revenus peut vous protéger contre les imprévus. Si une source de revenus fléchit, les autres peuvent compenser la différence.
Accélération des objectifs financiers: Que ce soit pour acheter une maison, partir en voyage ou investir, un revenu supplémentaire peut significativement raccourcir le temps nécessaire pour atteindre ces objectifs.
Réduction du stress financier: Savoir que vous avez plusieurs flux de revenus peut offrir une tranquillité d'esprit en cas d'incertitude économique.

Idées de sources de revenus supplémentaires

L'économie de partage: De nombreuses plateformes, telles qu'Airbnb ou BlaBlaCar, permettent de monétiser ce que vous possédez déjà. Si vous avez une chambre inutilisée, la location occasionnelle peut rapporter un revenu appréciable.

Freelance et consultation: Si vous possédez des compétences particulières, que ce soit en graphisme, écriture, programmation, ou conseil, des plateformes comme Upwork ou Malt peuvent vous aider à trouver des missions rémunérées.

Vendre des produits en ligne: Que vous fabriquiez des bijoux, des vêtements ou des œuvres d'art, des sites comme Etsy ou Le Bon Coin peuvent être d'excellentes plateformes pour vendre vos créations.

Investissement en bourse: Avec une formation adéquate et une approche prudente, la bourse peut devenir une source de revenus, que ce soit via des dividendes ou la spéculation.

Investissement immobilier: Acheter des propriétés pour les louer est une stratégie éprouvée pour générer un flux de revenus régulier. La valorisation des actifs sur le long terme peut apporter une plus-value.

Cours et formations: Si vous êtes expert dans un domaine particulier, proposer des cours ou des formations, en ligne ou en présentiel, peut s'avérer lucratif.

Exemples concrets

Sylvie, professeure de yoga, a décidé de proposer des cours en ligne lors du confinement. Cette source de revenus, qui était à l'origine temporaire, est devenue une part significative de ses revenus mensuels.

Jean, passionné d'électronique, a commencé à vendre des kits électroniques qu'il assemble lui-même sur Etsy. Ce qui a commencé comme un hobby est maintenant une source de revenus stable.

Conseils pour une approche réussie

Commencez petit: Ne vous précipitez pas pour investir énormément d'argent ou de temps dans une nouvelle entreprise. Commencez à petite échelle, évaluez la viabilité, puis développez-vous.

Éduquez-vous: Avant de vous lancer dans un nouveau domaine, prenez le temps de vous former. Cela réduira les risques et augmentera vos chances de succès.

Restez organisé: Gérer plusieurs sources de revenus nécessite une bonne organisation. Assurez-vous de suivre vos revenus et dépenses, et restez conforme sur le plan fiscal.

Ne négligez pas votre source de revenus principale: Il peut être tentant de se laisser emporter par le potentiel de revenus supplémentaires, mais il est crucial de ne pas négliger votre emploi ou activité principale.

Trouver des sources de revenus supplémentaires n'est pas seulement un moyen d'augmenter sa richesse, c'est aussi une stratégie pour créer une sécurité financière et une diversification. Avec une recherche appropriée, une approche prudente, et une volonté d'apprendre, pratiquement tout le monde peut trouver des moyens d'ajouter des flux de revenus à sa vie, approchant ainsi davantage des habitudes et des succès des riches.

5.2.3 Réduire les dépenses inutiles

Réduire les dépenses superflues est l'un des principes fondamentaux de la gestion financière saine. Souvent, les individus se retrouvent dans une spirale de consommation sans vraiment prendre conscience des sommes dépensées pour des choses qui n'ajoutent que peu ou pas de valeur à leur vie. Les personnes aisées, tout en jouissant de la possibilité de dépenser de façon luxueuse, ont souvent adopté l'art de discernement en matière de dépenses.

Qu'est-ce qu'une dépense inutile?

Une dépense inutile est toute sortie d'argent qui n'apporte pas une valeur équivalente en retour, ou qui pourrait être évitée sans nuire à la qualité de vie. Il ne s'agit pas seulement de gros achats, mais souvent de petites dépenses quotidiennes qui s'accumulent.

Exemples de dépenses courantes considérées comme inutiles:

Abonnements non utilisés: Gym, magazines, applications ou services de streaming dont on ne profite pas pleinement.
Achats impulsifs: Ces petits objets ou vêtements achetés sur un coup de tête et qui ne sont jamais utilisés.
Dépenses répétées pour des biens de mauvaise qualité qui nécessitent un remplacement fréquent.

Méthodes pour identifier et réduire ces dépenses:

Tenir un journal des dépenses: Noter chaque dépense, même la plus infime, pendant un mois. En fin de mois, analysez ce journal pour identifier les postes qui pourraient être réduits ou éliminés.

Revoir les abonnements: Analysez tous vos abonnements (magazines, gym, streaming, etc.) et demandez-vous si vous utilisez vraiment ces services à leur juste valeur.

Mettre en place une règle de réflexion: Avant tout achat non essentiel, donnez-vous 24 heures (ou plus) pour y réfléchir. Cela permet de réduire considérablement les achats impulsifs.

Adoptez une approche minimaliste: Posez-vous la question: "Est-ce que cet achat va vraiment ajouter de la valeur à ma vie?". Cela peut s'appliquer à tout, des vêtements aux gadgets électroniques.

Investissez dans la qualité: Même si cela semble contre-intuitif, acheter des objets de meilleure qualité, même s'ils sont plus chers à court terme, peut économiser de l'argent à long terme. Un bien de qualité dure souvent plus longtemps et nécessite moins de remplacements.

Exemples concrets:

Paul se rendait compte qu'il dépensait chaque mois une somme conséquente en cafés de spécialité. En achetant une bonne machine à café et en apprenant à faire son propre café de spécialité à la maison, il a pu réduire considérablement ces dépenses.

Marie aimait acheter des chaussures bon marché. Elles s'usaient rapidement, et elle devait en acheter de nouvelles tous les quelques mois. Elle a décidé d'investir dans une paire de qualité supérieure, qui non seulement lui a duré des années, mais était aussi plus confortable.

L'impact de la réduction des dépenses inutiles

La véritable magie de la réduction des dépenses superflues réside dans l'effet cumulé. Économiser 50 euros par mois peut sembler minime, mais sur un an, cela représente 600 euros. Investi judicieusement, ce montant peut croître de manière exponentielle avec le temps.

Il est également important de noter que la réduction des dépenses inutiles ne signifie pas vivre de manière frugale ou se priver de tout plaisir. Il s'agit plutôt de dépenser de manière réfléchie, en accordant de la valeur à chaque euro dépensé.

Les personnes prospères ont souvent maîtrisé l'art de dépenser judicieusement. Réduire les dépenses inutiles est une étape cruciale pour libérer des ressources financières qui peuvent être investies pour accroître la richesse. Avec une attention particulière et une prise de conscience, chacun peut améliorer sa santé financière en éliminant les dépenses qui n'ajoutent pas de valeur réelle à sa vie.

5.3 Investir la différence

5.3.1 Les bases de l'investissement intelligent

L'art de devenir riche ne repose pas uniquement sur le fait de gagner de l'argent, mais aussi sur la manière dont on le fait fructifier. L'investissement est la clé pour transformer l'argent gagné en une source de revenus passifs. Comme pour tout, il y a une bonne et une mauvaise façon d'investir. Voici les bases d'un investissement intelligent.

1. Comprendre avant d'investir: Il est essentiel de comprendre dans quoi vous investissez. Plongez-vous dans les détails, que ce soit des actions, des biens immobiliers, ou d'autres formes d'investissements. L'ignorance est le plus grand ennemi de tout investisseur.

Exemple: Martin, attiré par la montée fulgurante des cryptomonnaies, a investi une grande partie de ses économies sans comprendre le marché. Lorsque la valeur a chuté, il a paniqué et vendu à perte. Si Martin avait pris le temps de comprendre le marché, il aurait peut-être adopté une approche différente.

2. Diversifier ses investissements: La diversification est l'une des stratégies les plus fondamentales en matière d'investissement. Elle consiste à répartir votre argent dans différents types d'investissements pour minimiser les risques.

Exemple: Claire a réparti son portefeuille entre des actions, des obligations, de l'immobilier et d'autres actifs. Lorsque le marché boursier a connu une baisse, ses autres investissements ont compensé les pertes.

3. Éviter l'effet de mode: Ne suivez pas aveuglément les tendances. Ce qui est à la mode aujourd'hui pourrait ne pas l'être demain. Investissez sur la base de faits solides et de recherches, et non sur des rumeurs ou des tendances éphémères.

4. Investir sur le long terme: Les personnes prospères voient l'investissement comme une course de fond et non comme un sprint. Il est préférable d'adopter une vision à long terme et de résister à l'envie de vendre lors des baisses du marché.

Exemple: Malgré les nombreux hauts et bas du marché boursier, ceux qui ont investi dans des entreprises solides et les ont conservées sur le long terme ont généralement vu leur investissement croître.

5. Évaluer régulièrement: Il est crucial de réévaluer périodiquement votre portefeuille. Cela vous permet de vous assurer que vos investissements sont toujours alignés avec vos objectifs financiers.

6. Se méfier des émotions: Les décisions d'investissement doivent être basées sur des analyses rationnelles et non sur des émotions. La peur et la cupidité sont deux émotions qui peuvent ruiner un investisseur.

Exemple: Lors de la dernière crise financière, beaucoup ont vendu leurs actions par peur, seulement pour regretter plus tard quand le marché s'est redressé.

7. Continuer à se former: Le monde de l'investissement est en constante évolution. Ce qui était vrai hier pourrait ne pas l'être demain. Poursuivez votre éducation financière et restez informé.

8. Prendre en compte les frais d'investissement: Même de petits frais peuvent s'accumuler avec le temps et réduire considérablement vos rendements. Que ce soit des frais de gestion, des frais de courtage ou d'autres charges, il est vital de les connaître.

9. Se fixer des objectifs clairs: Avant d'investir, définissez ce que vous souhaitez accomplir. Est-ce pour la retraite, acheter une maison, financer les études de vos enfants? Avoir un objectif clair vous aidera à choisir les bons investissements.

10. Accepter une certaine dose de risque: Tout investissement comporte des risques. L'astuce est de trouver un équilibre entre le risque et le rendement qui vous convient. Souvent, plus le potentiel de rendement est élevé, plus le risque associé est élevé.

L'investissement intelligent ne consiste pas à trouver la **"prochaine grande chose"**, mais plutôt à adopter une approche réfléchie, bien informée et disciplinée. Les riches savent que leur argent est un outil qui, s'il est utilisé correctement, peut générer encore plus de richesse. Ils sont conscients que chaque décision d'investissement doit être prise avec soin et réflexion. Les riches savent que leur argent doit travailler pour eux, et non l'inverse. C'est pourquoi ils s'éduquent constamment, consultent des experts lorsque cela est nécessaire et restent fidèles à leur stratégie d'investissement, même face à l'adversité. En fin de compte, la clé de la réussite en matière d'investissement ne réside pas dans la poursuite de gains rapides, mais dans la patience, la persévérance et la volonté de rester informé. Ceux qui maîtrisent ces principes sont bien placés pour voir leur richesse croître et prospérer au fil du temps.

5.3.2 Créer un portefeuille d'investissement diversifié

L'un des principes les plus robustes et les plus éprouvés en matière d'investissement est la diversification. C'est une stratégie adoptée par de nombreux investisseurs prospères pour minimiser le risque tout en maximisant les opportunités de rendement. La création d'un portefeuille diversifié n'est pas une tâche simple, mais elle est essentielle pour toute personne cherchant à construire et à préserver sa richesse.

1. Qu'est-ce que la diversification?

La diversification est le processus d'investissement de votre argent dans différents types d'actifs afin de réduire le risque associé à la performance négative d'un actif particulier. En d'autres termes, ne mettez pas tous vos œufs dans le même panier.

2. Pourquoi est-ce essentiel?

Supposons que vous ayez investi tout votre argent dans une seule entreprise. Si cette entreprise connaît des difficultés ou fait faillite, votre investissement pourrait perdre une valeur significative. Si votre argent est réparti entre plusieurs entreprises ou même secteurs, la performance négative d'une seule n'aurait qu'un impact limité sur votre portefeuille global.

3. Comment diversifier?

Répartition entre classes d'actifs: Votre portefeuille doit comporter une combinaison d'actions, d'obligations, de biens immobiliers, de matières premières, etc. Chacune de ces classes d'actifs a ses propres risques et rendements. Les actions peuvent offrir un rendement élevé mais avec un risque plus élevé, tandis que les obligations sont généralement considérées comme moins risquées.

Exemple: Alexandre, un investisseur avisé, ne s'est pas contenté d'investir uniquement dans des actions. Il a également incorporé des obligations gouvernementales, de l'immobilier, et même quelques cryptomonnaies pour s'assurer que son portefeuille est bien équilibré.

Diversification sectorielle: Même au sein des classes d'actifs, il est judicieux de diversifier. Pour les actions, répartissez vos investissements entre différents secteurs comme la technologie, la santé, l'énergie, etc.

Exemple: Caroline n'a pas mis tout son argent dans le secteur technologique. Elle a également investi dans le secteur de la santé et de la finance, sachant que chaque secteur réagit différemment aux changements économiques.

Géographie: Ne vous limitez pas à votre marché local. Envisagez d'investir à l'international. Les marchés étrangers peuvent offrir d'excellentes opportunités, tout en réduisant le risque lié à un ralentissement économique dans votre pays.

4. Les fonds communs de placement et les ETFs : Ces instruments d'investissement sont parfaits pour les investisseurs qui cherchent à diversifier facilement. Un fonds commun de placement ou un ETF (fonds négocié en bourse) est une collection d'actions, d'obligations ou d'autres actifs. En achetant une part de ces fonds, vous obtenez une exposition à tous ces actifs.

Exemple: Sophie, qui n'a ni le temps ni les connaissances pour sélectionner chaque action individuellement, a opté pour un ETF mondial qui investit dans des entreprises du monde entier, assurant ainsi une diversification géographique.

5. Réévaluation et rééquilibrage: La diversification ne s'arrête pas à la création de votre portefeuille. Avec le temps, certains investissements performeront mieux que d'autres, ce qui peut déséquilibrer votre portefeuille. Il est crucial de revoir régulièrement et, si nécessaire, de rééquilibrer pour s'assurer que votre portefeuille reste diversifié.

6. Les limites de la diversification: Si la diversification réduit le risque, elle ne l'élimine pas entièrement. En diversifiant, vous pourriez également limiter votre potentiel de gain si un actif particulier performe exceptionnellement bien.

La diversification est un pilier essentiel de l'investissement intelligent. Les riches l'ont compris depuis longtemps et l'utilisent pour protéger et faire croître leur richesse. En créant un portefeuille d'investissement diversifié, vous êtes non seulement en meilleure position pour naviguer dans les turbulences du marché, mais aussi pour saisir les nombreuses opportunités qui se présentent.

5.3.3 Comprendre l'importance de la croissance composée

La croissance composée est souvent désignée comme la "**huitième merveille du monde**" par les experts financiers. C'est un concept simple, mais sa puissance est profonde et peut transformer de petites économies en fortunes colossales. Pour les individus qui cherchent à emprunter la voie de la richesse, comprendre et exploiter la croissance composée est une nécessité.

1. Qu'est-ce que la croissance composée?

La croissance composée se produit lorsque les intérêts générés par un investissement sont réinvestis, et ces intérêts génèrent à leur tour des intérêts. Plutôt que de simplement gagner des intérêts sur le principal (l'argent initial investi), vous gagnez des intérêts sur les intérêts.

2. L'effet boule de neige: La croissance composée, c'est comme une boule de neige qui grossit en roulant. Vos premiers investissements, même modestes, peuvent générer des sommes considérables avec le temps.

3. L'importance du temps: Le temps est l'allié le plus précieux de la croissance composée. Plus vous laissez votre argent investi, plus vous bénéficierez de la puissance de la composition.

Exemple: Supposons que Sophie investisse 1 000€ avec un rendement annuel de 7%. Après la première année, elle aurait 1 070€. Si elle retire les 70€ d'intérêts, chaque année elle gagnera toujours 70€. Si elle réinvestit ces 70€, la deuxième année, elle gagnera des intérêts non seulement sur les 1 000€ initiaux, mais aussi sur les 70€ d'intérêts de la première année, ce qui la mènerait à un total de 1 144,90€ à la fin de la deuxième année, et ainsi de suite.

4. L'impact de la fréquence de capitalization: Outre le taux d'intérêt, la fréquence de capitalisation (c'est-à-dire à quelle fréquence les intérêts sont ajoutés au principal) a également un impact significatif sur vos rendements.

Exemple: Si Jean investit 5 000€ à un taux d'intérêt annuel de 5%, avec une capitalisation annuelle, après 20 ans, il aurait environ 13 207€. S'il capitalise mensuellement, il aurait environ 13 466€ après la même période. Cela peut sembler une petite différence, mais elle s'agrandit avec de plus grands montants et des périodes plus longues.

5. Commencer tôt: L'une des plus grandes erreurs que font les gens est de reporter leurs investissements. Commencer tôt, même avec de petits montants, peut conduire à des résultats impressionnants grâce à la croissance composée.

Exemple: Pierre, 25 ans, décide d'investir 200€ par mois pendant 10 ans avec un rendement annuel de 7%. À 35 ans, il arrête d'investir. Claire, en revanche, commence à investir le même montant mensuel à 35 ans et continue jusqu'à 65 ans. À 65 ans, même si Claire a investi pendant 30 ans et Pierre seulement pendant 10 ans, grâce à la puissance de la croissance composée, Pierre aurait accumulé plus d'argent que Claire.

6. Évitez de retirer vos investissements: Chaque fois que vous retirez de l'argent de vos investissements, vous réduisez l'effet de la croissance composée. Même de petits retraits peuvent avoir un impact significatif sur le long terme.

7. La magie du doublement: La règle de 72 est une méthode simple pour déterminer combien de temps il faut pour doubler votre investissement à un taux d'intérêt fixe. Divisez simplement 72 par votre taux d'intérêt annuel. À un taux de 8%, il faudrait 9 ans (72/8) pour doubler votre investissement.

La croissance composée est une force puissante que tous les investisseurs devraient chercher à exploiter. Ceux qui réussissent à comprendre son importance et à l'utiliser à leur avantage sont souvent ceux qui parviennent à accumuler une richesse significative au fil du temps. C'est un secret que les riches connaissent bien et que vous devriez également adopter dans votre quête de prospérité financière. La patience est la clé de la richesse. En investissant régulièrement et en laissant le temps agir, la croissance composée multipliera vos gains de manière exponentielle.

CHAPITRE 6: LE RÔLE DE L'INNOVATION ET DE L'ADAPTABILITÉ

6.1 L'importance de l'innovation

6.1.1 Comment l'innovation mène à de nouvelles opportunités financières

Au cœur de chaque transformation majeure de la société, il y a l'innovation. C'est une force motrice qui remodèle les industries, crée de nouveaux marchés et ouvre d'innombrables possibilités financières pour ceux qui sont prêts à saisir l'occasion.

1. L'innovation: une definition: L'innovation, dans son essence, signifie introduire quelque chose de nouveau ou différent. Elle peut se manifester sous la forme de produits, de services, de processus ou même d'idées. Ceux qui innovent sont souvent en avance sur leur temps, anticipant les besoins et les désirs non satisfaits des consommateurs.

2. De l'invention à l'innovation: Il est crucial de distinguer invention et innovation. Tandis que l'invention concerne la création d'une nouvelle idée ou d'un nouveau produit, l'innovation implique d'appliquer cette invention pour créer de la valeur. L'ampoule a été inventée par Thomas Edison, mais c'est l'application de cette invention dans les foyers et les entreprises du monde entier qui en a fait une innovation majeure.

3. L'innovation comme source de richesse: De nombreux milliardaires dans le monde ont amassé leur fortune grâce à l'innovation. Steve Jobs avec Apple, Elon Musk avec Tesla et SpaceX, et Mark Zuckerberg avec Facebook sont de parfaits exemples de la manière dont l'innovation peut conduire à une prospérité presque inimaginable.

4. Comment l'innovation ouvre de nouvelles voies financières:

a. Création de nouveaux marches: L'innovation peut créer de tout nouveaux marchés qui n'existaient pas auparavant. Pensez à l'iPhone d'Apple. Avant son introduction, le marché des smartphones tels que nous les connaissons n'existait pas. Mais une fois lancé, il a ouvert un vaste marché pour les applications mobiles, les accessoires, et bien d'autres.

b. Distorsion des marchés existants: L'innovation peut également perturber ou **"cannibaliser"** les marchés existants. Netflix, par exemple, a révolutionné l'industrie de la location de vidéos, rendant obsolètes des entreprises comme Blockbuster.

c. Répondre à des besoins non satisfaits: Les innovateurs prospères identifient souvent des besoins ou des désirs non satisfaits sur le marché. Dyson, a repensé l'aspirateur traditionnel pour répondre aux frustrations des consommateurs avec les modèles existants.

d. Rendre les processus plus efficacies: L'innovation ne concerne pas toujours les produits. Parfois, c'est la façon dont nous faisons les choses qui change. Amazon a transformé le commerce de détail en rendant l'achat en ligne rapide, facile et fiable.

5. L'innovation requiert du courage: Oser innover signifie prendre des risques. Pour chaque histoire de réussite, il y a d'innombrables échecs. Mais comme le dit l'adage: **"Qui ne tente rien n'a rien."** Les plus grandes récompenses financières sont souvent réservées à ceux qui sont prêts à prendre de grands risques.

6. L'écosystème de l'innovation: L'innovation ne se produit pas dans le vide. Elle est le résultat d'un écosystème comprenant des chercheurs, des investisseurs, des entrepreneurs et des consommateurs. Ces acteurs jouent tous un rôle essentiel dans la transformation d'une idée en une opportunité financière lucrative.

7. L'avenir est brillant pour les innovateurs: Avec l'évolution rapide de la technologie et l'accès mondial à l'information, il n'a jamais été aussi facile d'innover. Cela signifie que les opportunités financières liées à l'innovation sont plus abondantes que jamais.

L'innovation a toujours été et sera toujours un moteur clé de la croissance économique et de la création de richesse. Pour ceux qui cherchent à emprunter la voie de la prospérité, embrasser l'innovation, comprendre son potentiel et être prêt à agir sur de nouvelles idées peut être le billet d'or.

6.1.2 Rester à jour avec les tendances du marché

L'univers économique et financier est en perpétuelle mutation. Comme une rivière qui coule, les marchés évoluent, changent de direction, s'accélèrent ou ralentissent. Pour les individus aspirant à la richesse et à la prospérité, ne pas tenir compte de ces mouvements équivaut à naviguer en eaux troubles sans boussole. Voici pourquoi et comment rester à jour avec les tendances du marché est essentiel.

1. Pourquoi suivre les tendances du marché?

a. Anticiper plutôt que réagir: Ceux qui anticipent les tendances ont une longueur d'avance sur les autres. Ils peuvent adapter leurs stratégies, investir judicieusement et éviter les pièges. Au contraire, ceux qui réagissent tardivement courent souvent après les opportunités, avec des risques accrus.

b. Identifier de nouvelles opportunités: Les tendances du marché révèlent souvent des opportunités inexploitées. La montée des préoccupations environnementales a donné naissance à l'industrie des énergies renouvelables, offrant d'immenses possibilités d'investissement.

c. Minimiser les risques: Comprendre où le marché se dirige permet de réduire les risques associés à des investissements dépassés ou obsolètes. Celui qui avait vu venir la digitalisation aurait évité d'investir massivement dans les entreprises traditionnelles de location de vidéos, par exemple.

2. Comment détecter les tendances?

a. Éducation continue: Le monde change rapidement. Les formations, séminaires, ateliers et webinaires sont d'excellentes ressources pour rester informé. Ils offrent des analyses pertinentes et des prévisions basées sur des données solides.

b. Réseautage: Échanger avec des pairs, des experts ou des novices permet d'avoir une vision globale du marché. Les forums professionnels, les conférences et les groupes de discussion sont des endroits idéaux pour cela.

c. Suivre les actualités: Les journaux économiques, sites web spécialisés et bulletins d'information sont essentiels. Ils relatent les événements actuels qui façonnent les marchés et offrent des analyses approfondies.

d. Utiliser la technologie: Des outils comme Google Trends ou des applications dédiées peuvent aider à identifier et suivre les tendances émergentes.

3. Les pièges à éviter

a. Se fier à une seule source: Diversifiez vos sources d'information. Relying on a single source can lead to a narrow view and increase the risk of missing a significant trend.

b. Ignorer les micro-tendances: Même si elles semblent insignifiantes, les micro-tendances peuvent parfois évoluer en mouvements majeurs du marché. Pensez aux débuts discrets de l'internet dans les années 90.

c. Résister au changement: La nature humaine nous pousse à nous accrocher à ce que nous connaissons. Mais en matière de finance et d'investissement, la résistance au changement peut être coûteuse. Il est vital d'avoir un esprit ouvert et adaptable.

4. Les avantages de l'adaptabilité : Le monde des affaires regorge d'exemples d'entreprises qui ont réussi en s'adaptant et d'autres qui ont échoué en résistant au changement. Kodak, malgré son invention de la photographie numérique, s'est accroché au film et a perdu sa position dominante. À l'inverse, Netflix, initialement un service de location de DVDs par courrier, a su s'adapter pour devenir un leader mondial du streaming.

5. L'importance de l'agilité : L'agilité, c'est la capacité à se mouvoir rapidement et facilement. Dans le contexte des affaires, cela signifie réagir promptement aux tendances, ajuster les stratégies et pivoter si nécessaire. Une telle flexibilité est un atout inestimable dans un monde en constante évolution.

Rester à jour avec les tendances du marché n'est pas seulement une activité intéressante pour les aficionados de l'économie; c'est une nécessité absolue pour ceux qui cherchent à maximiser leur richesse et à prospérer dans un monde en perpétuelle mutation. Cela nécessite de la curiosité, de la diligence et, surtout, la volonté d'apprendre et de s'adapter continuellement.

6.1.3 Penser en dehors des sentiers battus

L'innovation ne se limite pas à l'invention de nouveaux produits ou à la mise en œuvre de nouvelles technologies. Elle repose avant tout sur une manière de penser, une disposition à remettre en question les normes établies et à envisager des possibilités qui ne sont pas immédiatement évidentes. C'est l'art de penser en dehors des sentiers battus. Mais pourquoi est-ce si crucial, et comment peut-on cultiver cette capacité?

1. Pourquoi est-il essentiel de penser différemment?

a. Éviter la stagnation : Dans un monde en évolution constante, s'en tenir à des méthodes et à des idées obsolètes est la voie la plus rapide vers la stagnation ou l'échec. Les individus et les entreprises qui n'évoluent pas se retrouvent rapidement dépassés.

b. Reconnaître les nouvelles opportunités: Lorsqu'on sort des sentiers battus, on s'ouvre à un monde de possibilités inexplorées. Cela permet d'identifier des opportunités qui pourraient échapper à ceux qui s'en tiennent à une pensée conventionnelle.

c. Différenciation: Dans un marché saturé, être différent, unique ou novateur peut être un avantage concurrentiel significatif.

2. Des exemples illustres de pensée non conventionnelle

a. Apple: Lorsque tous les autres fabricants se concentraient sur des fonctionnalités techniques, Apple a pris le parti de l'esthétique, de la simplicité et de l'expérience utilisateur, révolutionnant ainsi le monde de la technologie.

b. Airbnb: Plutôt que de construire de nouveaux hôtels, Airbnb a repensé le concept d'hébergement, permettant aux individus de louer leurs espaces personnels, bouleversant ainsi l'industrie de l'hôtellerie.

3. Comment cultiver une pensée non conventionnelle?

a. Questionner le statu quo: Demandez-vous toujours **"Pourquoi?"** et **"Y a-t-il une meilleure façon de faire cela?"**. Remettez en question les normes établies et les suppositions courantes.

b. Entourez-vous de diversité: Côtoyez des gens de différents horizons, professions, cultures, et disciplines. Cette diversité d'expériences et de points de vue nourrit l'innovation.

c. Ne craignez pas l'échec: L'échec est souvent le prélude à l'innovation. Il offre une opportunité d'apprentissage et d'ajustement. Embrassez-le comme une étape nécessaire vers le succès.

d. Pratiquez la pensée latérale: C'est l'art de résoudre des problèmes par une approche indirecte et créative. Plutôt que d'aborder un problème de front, cherchez des voies différentes, même si elles semblent initialement sans rapport.

e. Consommez de l'art et de la culture: L'exposition à différentes formes d'art et de culture stimule l'imagination et encourage une pensée qui sort des normes.

4. Les obstacles à surmonter

a. La résistance au changement: Les humains sont des créatures d'habitude. Il est souvent plus confortable de s'en tenir à ce que l'on sait, même si cela n'est pas optimal. Surmonter cette résistance demande une volonté délibérée.

b. Le désir de conformité: La pression sociale pour se conformer et s'adapter à ce que **"tout le monde fait"** peut être puissante. Il faut du courage pour suivre une voie différente.

c. La peur de l'inconnu: S'aventurer hors des sentiers battus signifie souvent entrer dans l'inconnu, ce qui peut être intimidant. Il est essentiel d'embrasser cette incertitude.

Penser en dehors des sentiers battus n'est pas simplement une astuce pour générer des idées originales; c'est une compétence essentielle pour quiconque souhaite innover, s'adapter et prospérer dans un monde en perpétuel changement. Les plus grandes réussites de notre époque proviennent souvent d'individus et d'entreprises qui ont osé voir les choses différemment, défiant les normes et façonnant l'avenir selon leur vision.

6.2 Cultiver une mentalité adaptable

6.2.1 Accepter et apprendre des échecs

L'échec est souvent perçu comme une fin en soi, une marque d'incapacité ou de faiblesse. Mais dans le contexte de l'innovation et de l'adaptabilité, l'échec peut être une puissante force motrice, une source d'apprentissage inestimable et un catalyseur pour la croissance personnelle. Pour ceux qui cherchent à prospérer, accepter et tirer des enseignements de leurs échecs est une compétence cruciale.

1. Pourquoi les échecs sont inévitables

a. Exploration de l'inconnu: Toute tentative d'innovation ou de création entraîne un certain degré de risque. En explorant de nouveaux terrains, on s'expose naturellement à des erreurs et des échecs.

b. La nature imprévisible de la vie: Même les plans les mieux conçus peuvent rencontrer des obstacles imprévus. Les marchés changent, la technologie évolue et les circonstances personnelles peuvent se transformer.

2. La valeur cachée de l'échec

a. Une opportunité d'apprentissage: Chaque échec apporte avec lui des leçons. En analysant ce qui s'est mal passé, on peut identifier les erreurs et éviter de les répéter à l'avenir.

b. Raffinement et perfectionnement: Après un échec, on a souvent une meilleure idée de ce qui fonctionne et de ce qui ne fonctionne pas. Cela permet d'ajuster et d'affiner les stratégies pour de futures tentatives.

c. Renforcement de la resilience: Confronter et surmonter les échecs renforce la résilience et la détermination, des qualités essentielles pour tout entrepreneur ou innovateur.

3. Comment embrasser l'échec

a. La perspective est clé: L'échec n'est pas une destination, mais un détour sur le chemin de la réussite. Cela transforme la défaite en une opportunité.

b. Évitez la mentalité de victim: Il est facile de blâmer les circonstances extérieures ou d'autres personnes pour nos échecs. Prendre la responsabilité de ses actions, même lorsque les choses tournent mal, est essentiel pour la croissance.

c. Cherchez le feedback: Après un échec, sollicitez des opinions et des critiques. Le feedback d'autrui peut offrir des perspectives précieuses et des pistes pour l'amélioration.

4. Des exemples inspirants

a. Thomas Edison: Edison a connu des milliers d'échecs avant de réussir à créer une ampoule électrique fonctionnelle. À chaque tentative ratée, il a appris quelque chose de nouveau, le rapprochant de son objectif.

b. J.K. Rowling: L'auteure de la série **"Harry Potter"** a essuyé de nombreux refus d'éditeurs avant de rencontrer le succès. Ces rejets ne l'ont pas découragée; ils l'ont rendue plus déterminée.

c. Steve Jobs: Après avoir été évincé d'Apple, la société qu'il a cofondée, Jobs a vu cela comme une opportunité de se réinventer. Il est revenu plus tard pour mener Apple vers de nouveaux sommets.

5. Mettre l'échec en perspective

L'échec n'est pas une indication de la valeur personnelle. Tout le monde échoue à un moment ou à un autre. Ce qui distingue les personnes prospères des autres, c'est leur capacité à utiliser ces échecs comme des tremplins vers le succès.

L'échec, aussi douloureux soit-il, est un outil précieux pour ceux qui cherchent à innover, à s'adapter et à réussir. En acceptant l'échec comme une partie inévitable de la croissance et en utilisant les leçons qu'il apporte, on peut forger un chemin vers un succès durable et significatif.

6.2.2 S'adapter aux changements du marché

Le monde des affaires est en constante évolution, caractérisé par des fluctuations du marché, des avancées technologiques et des modifications des préférences des consommateurs. Pour réussir, il est impératif d'avoir une mentalité adaptable, capable de réagir rapidement à ces changements. Dans cette section, nous explorerons l'importance de s'adapter aux mutations du marché et comment développer une telle adaptabilité.

1. La nature imprévisible du marché

Aucune entreprise ou investisseur ne peut prédire avec certitude l'avenir du marché. Les facteurs tels que la politique mondiale, les innovations technologiques et les crises économiques peuvent avoir des répercussions majeures sur les tendances du marché.

2. L'importance de la surveillance du marché

a. Veille stratégique: La veille stratégique consiste à surveiller activement les tendances du marché, les mouvements des concurrents et les préférences des consommateurs. Cela permet aux entreprises de rester proactives plutôt que réactives.

b. Réseaux professionnels: Les relations professionnelles peuvent offrir des insights précieux sur les évolutions du marché. Les conférences, les séminaires et les ateliers sont d'excellentes occasions de se tenir informé.

3. La flexibilité organisationnelle

a. Structure d'entreprise agile: Les entreprises qui réussissent le mieux à s'adapter sont souvent celles qui ont une structure agile, où les décisions peuvent être prises rapidement sans être entravées par une bureaucratie excessive.

b. Formation continue: La formation régulière des employés garantit que l'entreprise dispose des compétences nécessaires pour répondre aux exigences changeantes du marché.

4. Exemples de réussites par l'adaptabilité

a. Netflix: Initialement, Netflix était une entreprise de location de DVD par correspondance. Voyant l'essor de la technologie de streaming, elle a pivoté pour devenir le géant du streaming que nous connaissons aujourd'hui.

b. Apple: Apple a commencé comme une entreprise d'ordinateurs, mais a su s'adapter aux besoins du marché en se diversifiant dans les appareils mobiles, la musique numérique et d'autres domaines.

c. Microsoft: Face à la montée des services cloud, Microsoft a modifié son modèle commercial traditionnel pour se concentrer davantage sur les services cloud comme Azure, positionnant ainsi l'entreprise pour le succès futur.

5. La réactivité aux feedbacks des consommateurs

a. Écoute active: Les commentaires des clients sont une mine d'or d'informations sur les tendances du marché. Les entreprises doivent cultiver une culture d'écoute active pour identifier et répondre aux besoins changeants des clients.

b. Canaux de communication ouverts: Les entreprises doivent disposer de canaux de communication efficaces, tels que les services clients et les réseaux sociaux, pour recueillir des feedbacks et interagir avec les consommateurs.

6. L'importance de l'innovation dans l'adaptabilité

L'innovation ne consiste pas seulement à créer de nouveaux produits, mais aussi à repenser les processus existants pour répondre aux exigences changeantes du marché.

a. R&D (Recherche et Développement): Investir dans la R&D permet aux entreprises de rester à la pointe de la technologie et de répondre aux défis du marché.

b. Cultiver une culture d'innovation: Encourager les employés à penser de manière créative et à proposer de nouvelles idées peut conduire à des solutions innovantes qui différencient l'entreprise sur le marché.

L'adaptabilité est une qualité cruciale dans le monde des affaires d'aujourd'hui. Les entreprises qui résistent au changement risquent de se retrouver dépassées par des concurrents plus agiles. En cultivant une mentalité ouverte, en investissant dans la formation et la R&D, et en écoutant attentivement les clients, les entreprises peuvent non seulement survivre, mais aussi prospérer face aux changements incessants du marché.

6.2.3 L'importance de la flexibilité dans la stratégie financière

Dans le monde fluctuant de la finance, la seule constante est le changement. La manière dont nous gérons nos finances, que ce soit à titre personnel ou professionnel, doit refléter cette réalité. Adopter une stratégie financière flexible est non seulement sage, mais aussi essentiel pour assurer la pérennité et la croissance. Examinons de plus près pourquoi la flexibilité est si cruciale et comment l'intégrer dans votre stratégie financière.

1. La nature changeante de l'économie mondiale: La première décennie du XXIe siècle a été témoin de plusieurs crises financières majeures, de l'éclatement de la bulle dot-com à la crise financière mondiale de 2008. Ces événements nous ont rappelé à quel point l'économie mondiale peut être imprévisible. Dans ce contexte, avoir une stratégie financière rigide peut être non seulement risqué, mais aussi dangereux.

2. La flexibilité comme bouclier contre l'incertitude

a. Réserve d'urgence: L'une des premières étapes pour introduire de la flexibilité dans votre stratégie financière est de disposer d'une réserve d'urgence. Cela offre un coussin financier en cas de revers imprévus, tels qu'une perte d'emploi ou une dépense médicale soudaine.

b. Diversification des investissements: Mettre tous vos œufs dans le même panier est rarement une bonne idée en matière d'investissement. La diversification réduit le risque en répartissant votre capital sur différents types d'actifs.

3. La flexibilité permet une réaction rapide: Dans le monde de la finance, les opportunités peuvent apparaître et disparaître en un clin d'œil. Avec une stratégie flexible, vous êtes mieux positionné pour saisir ces opportunités dès qu'elles se présentent.

Exemple: En 2020, lors de la pandémie de COVID-19, les marchés boursiers ont connu une chute vertigineuse suivie d'une reprise rapide. Les investisseurs flexibles ont pu tirer parti de cette baisse pour acheter des actions à des prix réduits, puis bénéficier de la reprise.

4. La flexibilité encourage l'innovation: Dans le monde des affaires, la flexibilité financière peut donner aux entreprises la liberté de poursuivre de nouvelles idées et innovations. Cela peut mener à de nouveaux produits, services ou marchés qui peuvent offrir des rendements significatifs.

5. Adapter la stratégie financière aux objectifs personnels: Nos objectifs et priorités changent au fil du temps. Que vous souhaitiez acheter une maison, financer l'éducation de vos enfants ou prendre une retraite anticipée, une stratégie financière flexible peut être ajustée pour refléter ces objectifs changeants.

6. La réévaluation régulière est la clé: Une stratégie financière flexible nécessite également une réévaluation et un ajustement réguliers. Cela implique de vérifier périodiquement vos investissements, d'évaluer vos dépenses et d'ajuster votre approche en fonction des conditions actuelles du marché.

7. La formation continue pour rester flexible: La finance est un domaine en constante évolution. Pour rester flexible, il est crucial de poursuivre sa formation, que ce soit en suivant des cours, en lisant les actualités financières ou en consultant des experts.

La flexibilité dans la stratégie financière n'est pas simplement un luxe; c'est une nécessité dans le monde moderne. Alors que le paysage économique continue d'évoluer, ceux qui adoptent une approche souple et adaptable seront mieux positionnés pour naviguer dans les eaux parfois tumultueuses de la finance. En cultivant une mentalité d'ouverture, en se préparant à l'imprévu et en saisissant les opportunités quand elles se présentent, vous pouvez transformer l'incertitude en un avantage, propulsant ainsi votre stratégie financière vers de nouveaux sommets.

6.3 Tirer parti de la technologie et de la digitalisation

6.3.1 Les outils technologiques pour la gestion financière

L'ère numérique a radicalement transformé la façon dont nous gérons notre argent. Grâce à la technologie, nous avons désormais accès à une multitude d'outils qui facilitent la gestion financière, améliorent la prise de décision et optimisent les rendements. Découvrons ensemble les outils technologiques incontournables pour une gestion financière efficace.

1. Applications de budgétisation: La première étape vers une gestion financière saine est la création d'un budget. Des applications comme Mint ou YNAB (You Need A Budget) offrent une vue d'ensemble de vos finances, synchronisant vos comptes bancaires, vos cartes de crédit et vos investissements pour vous donner une image claire de votre situation financière. Ces outils vous aident à suivre vos dépenses, à définir des objectifs d'économie et à éviter les dettes.

2. Outils d'investissement automatisés (robo-advisors)

Pour ceux qui ne souhaitent pas activement gérer leurs investissements ou qui manquent d'expertise, les robo-advisors tels que Betterment et Wealthfront sont une aubaine. Ces plateformes utilisent des algorithmes avancés pour créer et gérer un portefeuille adapté à vos objectifs et à votre tolérance au risque.

3. Plateformes de trading: Des plateformes comme eToro ou Robinhood ont démocratisé l'accès aux marchés financiers, permettant aux individus de négocier des actions, des cryptomonnaies et d'autres actifs avec facilité et à faible coût.

4. Gestionnaires de portefeuille numériques: Les outils comme Personal Capital vous permettent d'avoir une vue consolidée de tous vos actifs et investissements. Ils offrent également des analyses pour vous aider à optimiser vos rendements et à réduire les frais.

5. Cryptomonnaies et portefeuilles numériques: Le monde de la finance n'est plus limité aux monnaies traditionnelles. Des plateformes comme Coinbase permettent d'acheter, de vendre et de stocker des cryptomonnaies. Les portefeuilles numériques comme Metamask facilitent les transactions sur des réseaux blockchain.

6. Applications de paiement peer-to-peer: Avec des applications comme Venmo ou PayPal, il est plus facile que jamais d'envoyer et de recevoir de l'argent, réduisant le besoin de transactions en espèces ou de chèques.

7. Outils d'éducation financière: Des plateformes comme Khan Academy ou Coursera proposent des cours sur la finance, l'investissement et l'économie, permettant à quiconque d'accéder à une éducation financière de qualité.

8. Intelligence artificielle et chatbots: Pour ceux qui ont des questions financières mais ne souhaitent pas consulter un conseiller, des chatbots financiers alimentés par l'IA, comme Plum ou Cleo, offrent des conseils et des analyses instantanés.

9. Outils de simulation financière: Avant de prendre des décisions financières majeures, il peut être utile de jouer avec des scénarios hypothétiques. Les simulateurs financiers vous permettent de voir comment différentes décisions affecteront votre avenir financier.

Exemple: Envisagez-vous d'acheter une maison? Un simulateur de prêt hypothécaire peut vous montrer comment différents taux d'intérêt ou durées de prêt affecteront vos paiements mensuels.

10. Sécurité et confidentialité: Avec la numérisation de la finance vient la nécessité de protéger ses données. Les gestionnaires de mots de passe, comme LastPass, stockent et cryptent vos identifiants pour tous vos comptes financiers. Des services comme NordVPN protègent votre connexion internet, garantissant que vos transactions financières restent privées.

La technologie a rendu la gestion financière plus accessible et plus efficace que jamais. Avec ces outils vient la responsabilité de rester informé et vigilant. Tout en profitant des avantages de la digitalisation, il est essentiel de continuer à s'éduquer, de rester à jour avec les dernières tendances et d'adopter une approche proactive en matière de sécurité. Les outils technologiques, aussi avancés soient-ils, ne remplacent pas la nécessité d'une vigilance constante. La finance numérique, bien que puissante, est également sujette à des risques, tels que les cyberattaques ou les fraudes en ligne. Il est donc primordial de prendre des mesures de sécurité appropriées, de choisir des outils et des plateformes de confiance, et de toujours être sceptique face à des offres qui semblent trop belles pour être vraies.

En somme, la combinaison de la technologie avec une éducation financière solide et une attention constante à la sécurité offre une voie prometteuse vers une gestion financière optimale. Dans un monde en évolution rapide, les individus qui embrassent et adaptent ces outils technologiques tout en conservant une base solide de connaissances et de prudence seront ceux qui prospéreront le plus dans le paysage financier du 21ème siècle.

6.3.2 La révolution des fintechs et ses avantages

Depuis l'introduction de la monnaie jusqu'à la banque moderne, chaque époque a vu des innovations financières. Récemment, les fintechs, combinaison de **"finance"** et **"technologie"**, ont marqué une transformation majeure dans le secteur, apportant des bénéfices aux consommateurs comme aux professionnels.

1. Accès démocratisé aux services financiers: L'une des réalisations majeures des fintechs est d'avoir ouvert les portes des services financiers à des millions de personnes. Dans les pays en développement où les banques traditionnelles sont rares, les entreprises fintech offrent des services bancaires basiques via le téléphone portable. Cela a permis à des populations auparavant **"non bancarisées"** d'avoir accès à des comptes, des prêts et d'autres services financiers essentiels.

2. Frais réduits et transparence accrue: Grâce à des frais réduits, les fintechs offrent aux consommateurs des services financiers plus accessibles et plus transparents.

3. Des services plus rapides et plus pratiques: Qui n'a jamais été frustré par la lenteur des services bancaires traditionnels? Les fintechs, fonctionnant entièrement en ligne, offrent souvent des services instantanés ou du moins beaucoup plus rapides. Qu'il s'agisse d'obtenir un prêt, de transférer de l'argent ou de changer de monnaie, la technologie permet une efficacité sans précédent.

4. Solutions personnalisées et centrées sur l'utilisateur: Grâce à l'intelligence artificielle et à l'analyse des données, de nombreuses plateformes fintech peuvent offrir des solutions taillées sur mesure pour les besoins individuels des utilisateurs. Les robo-advisors, créent des portefeuilles d'investissement basés sur la situation financière unique et les objectifs de chaque utilisateur.

5. Faciliter l'innovation dans d'autres domaines: La facilité de paiement offerte par les fintechs a également stimulé l'innovation dans d'autres secteurs. Pensez à des plateformes comme Uber ou Airbnb, qui dépendent d'un paiement fluide et fiable.

6. Sécurité renforcée: Avec l'évolution constante des cybermenaces, les fintechs sont souvent à la pointe de la technologie de sécurité. L'utilisation de la blockchain, de l'authentification à deux facteurs et d'autres technologies avancées assurent que les fonds et les données des utilisateurs sont protégés.

Exemple: Revolut, une fintech basée au Royaume-Uni, offre non seulement des services bancaires sans frais à l'étranger, mais utilise également la technologie pour détecter les fraudes en temps réel, offrant ainsi une sécurité accrue à ses utilisateurs.

7. Encouragement à l'éducation financière: De nombreuses fintechs intègrent des ressources éducatives dans leurs plateformes, aidant ainsi les utilisateurs à mieux comprendre leurs finances. Que ce soit par des articles, des vidéos ou des webinaires, l'éducation financière est devenue plus accessible.

8. Marchés financiers plus inclusifs: La technologie a également permis de donner accès aux marchés financiers à un plus grand nombre de personnes. Les plateformes de trading comme Robinhood ont démocratisé l'investissement en actions, permettant à quiconque ayant un smartphone de commencer à investir avec peu de fonds.

Les fintechs révolutionnent la finance en offrant des services plus accessibles et efficaces. En les maîtrisant, on renforce notre autonomie financière et on prend de meilleures décisions.

6.3.3 Restez en phase avec les innovations financières digitales

Dans un monde en constante mutation, négliger les innovations financières peut entraîner des occasions ratées. Les personnes prospères saisissent l'importance de s'adapter et de suivre les évolutions technologiques qui modifient notre gestion financière. Comment alors rester à jour avec ces avancées digitales?

1. Se former continuellement: L'éducation est la clé. Il est essentiel de s'inscrire à des cours, des webinaires ou des ateliers sur les innovations financières. De nombreux établissements proposent des cours en ligne gratuits ou à faible coût sur des plateformes comme Coursera, Udemy ou Khan Academy.

2. Lire des publications spécialisées: Il existe une pléthore de blogs, de magazines et de portails en ligne dédiés aux fintechs et aux innovations financières. Suivre ces publications permet non seulement de rester informé, mais aussi de comprendre les implications réelles de ces innovations sur votre vie financière.

3. Participer à des forums et des groupes de discussion: Rejoindre des forums ou des groupes de discussion spécialisés offre l'opportunité d'échanger avec des experts, des passionnés ou d'autres novices. C'est un excellent moyen d'apprendre et de poser des questions spécifiques.

4. Tester et experimenter: N'attendez pas d'être un expert pour vous lancer. Téléchargez des applications, inscrivez-vous sur de nouvelles plateformes financières et expérimentez. En pratique, vous comprendrez mieux les avantages et les inconvénients de chaque innovation.

Exemple: La popularité grandissante des monnaies numériques a poussé de nombreux curieux à installer des portefeuilles numériques, tels que Coinbase ou Binance, pour comprendre le fonctionnement des crypto-monnaies.

5. Visiter des salons et des conferences: Les événements spécialisés, comme les salons fintech, sont des mines d'or d'informations. Non seulement vous découvrirez les dernières innovations, mais vous aurez également l'occasion de rencontrer des innovateurs, des experts et d'autres professionnels du secteur.

6. Établir un reseau: Tout comme dans d'autres domaines, le réseau est essentiel dans le monde de la fintech. Cultivez des relations avec des professionnels du secteur. Ils peuvent vous informer des dernières tendances, vous conseiller sur les innovations à adopter ou à éviter, et vous présenter à d'autres experts.

7. Éviter l'overwhelm: Avec tant d'innovations surgissant chaque jour, il est facile de se sentir submergé. Il est donc crucial de filtrer l'information et de se concentrer sur ce qui est pertinent pour vos besoins et objectifs financiers. La clé est d'équilibrer la soif de connaissance avec la capacité d'assimilation.

8. Mettre à jour régulièrement ses compétences: Le monde digital évolue rapidement. Ce qui était pertinent il y a un an pourrait être obsolète aujourd'hui. Consacrez du temps chaque trimestre ou chaque semestre pour évaluer vos connaissances et identifier les domaines nécessitant une mise à niveau.

9. Adopter une mentalité de croissance: Face aux innovations, adoptez une mentalité ouverte. Ne résistez pas au changement, embrassez-le pour en tirer profit. Une mentalité de croissance vous permet de voir les défis comme des opportunités d'apprentissage plutôt que comme des obstacles insurmontables.

Rester à jour avec les innovations financières digitales requiert une mentalité ouverte, curieuse et une volonté d'apprendre. En se formant, on peut non seulement protéger son patrimoine mais aussi saisir de nouvelles opportunités de croissance.

CONCLUSION

C.1 La transformation vers la prospérité

C.1.1 Résumé des habitudes clés des riches

Tout au long de ce voyage à travers **"Les Secrets des Riches: Comment Ils Pensent, Agissent et Prospèrent"**, nous avons exploré les nombreux traits, comportements et habitudes qui distinguent les personnes prospères. Ces individus ne sont pas simplement chanceux ou dotés d'une destinée favorable. Leur succès provient d'habitudes méthodiquement cultivées et d'une approche réfléchie de la vie.

Récapitulons ces habitudes clés qui caractérisent les riches:

1. Vision à long terme: Les personnes prospères ont toujours une vision à long terme. Ils prennent leurs décisions en ayant une vision globale, et non une perspective à court terme.

2. Investissement en soi: Les riches comprennent la valeur inestimable de l'investissement personnel. Que ce soit par l'éducation formelle, les cours, les séminaires ou la lecture, ils sont constamment en quête de nouvelles connaissances.

3. Gestion financière saine: La richesse ne provient pas seulement de la capacité à gagner de l'argent, mais aussi de la capacité à le gérer efficacement. Les personnes prospères respectent un budget, économisent régulièrement, et sont avisées dans leurs investissements.

4. Réseautage actif: Le pouvoir du réseau est indéniable. Les personnes prospères entretiennent leurs relations, car elles savent que les opportunités proviennent souvent de connexions inattendues.

5. Innovation et adaptabilité: Le monde évolue constamment. Les riches l'embrassent en restant à l'avant-garde des tendances, en innovant dans leurs domaines respectifs et en s'adaptant rapidement aux changements du marché.

6. Gestion du temps: Le temps est l'une des ressources les plus précieuses. Les personnes prospères le traitent comme tel, en priorisant leurs tâches et en évitant la procrastination.

7. La perseverance: Face à l'échec, les riches persévèrent. Ils voient les revers non pas comme des obstacles insurmontables, mais comme des leçons à tirer.

8. Attitude positive: Une mentalité positive facilite l'attraction d'opportunités et la motivation pour surmonter les défis. Les personnes prospères cultivent une attitude optimiste, même face à l'adversité.

9. Travail d'équipe: La plupart des personnes prospères reconnaissent qu'elles ne peuvent pas tout faire seules. Elles s'entourent d'équipes solides et tirent parti des compétences et des talents des autres.

10. Engagement envers la croissance: La stagnation est l'antithèse de la prospérité. Les riches sont engagés dans une croissance continue, que ce soit personnellement, professionnellement ou financièrement.

11. Intégrité: La richesse obtenue sans intégrité est rarement durable. Les personnes prospères maintiennent un code moral strict, assurant ainsi une richesse qui perdure.

12. Curiosité: Les personnes prospères posent des questions, cherchent de nouvelles perspectives et sont toujours à la recherche de nouvelles opportunités ou de nouvelles façons de faire les choses.

13. Tirer parti de la technologie: Dans notre monde moderne, ne pas embrasser la technologie équivaut à rester à la traîne. Les personnes prospères utilisent la technologie pour optimiser, innover et étendre leurs horizons.

Ces habitudes, bien que distinctes, sont interconnectées. L'intégrité renforce le réseau, la curiosité conduit à l'innovation, et une gestion financière saine est le fruit d'une éducation continue. Adopter ces habitudes ne garantit pas la richesse, mais crée une fondation sur laquelle elle peut être construite.

Il est crucial de reconnaître que la richesse ne se limite pas à la possession matérielle. C'est aussi une richesse de l'esprit, du cœur et de l'âme. En cultivant ces habitudes, non seulement vous augmentez vos chances de succès financier, mais vous enrichissez également votre vie de manière significative et profonde.

À vous, cher lecteur, de mettre en pratique ces habitudes, de les adapter à votre réalité et de tracer votre propre chemin vers la prospérité. La richesse attend ceux qui sont prêts à s'engager dans le voyage, armés de détermination, de persévérance et d'une attitude positive.

C.1.2 La persévérance dans l'adoption de nouvelles habitudes

L'adoption de nouvelles habitudes est souvent un processus exigeant et complexe. Les personnes prospères, celles que nous qualifions souvent de **"riches"**, n'ont pas seulement maîtrisé l'art d'acquérir de l'argent, mais elles ont aussi persévéré pour intégrer des habitudes qui soutiennent cette prospérité. La persévérance est le pilier central de cette transformation. Voyons pourquoi et comment elle joue un rôle essentiel dans l'adoption de nouvelles habitudes.

1. Les débuts sont toujours difficiles: Lorsque nous tentons d'introduire une nouvelle habitude dans notre routine, les premiers jours sont souvent marqués par l'enthousiasme. Cet enthousiasme initial peut rapidement s'estomper face aux défis et aux obstacles. C'est là que la persévérance entre en jeu. Les individus prospères comprennent que les débuts sont toujours difficiles et sont prêts à persévérer même lorsque la motivation initiale diminue.

2. Les habitudes prennent du temps à s'enraciner: Des études suggèrent qu'il faut en moyenne 66 jours pour qu'une nouvelle habitude devienne automatique. Durant ce temps, il est crucial de rester constant et engagé. La persévérance assure cette constance, aidant l'individu à rester sur la bonne voie même lorsque la tentation de revenir aux anciennes habitudes se présente.

3. La persévérance face à l'échec: Même avec la meilleure volonté du monde, il y aura des moments où l'on trébuche. Plutôt que de considérer ces échecs comme des obstacles insurmontables, les personnes prospères y voient des opportunités d'apprendre et de s'améliorer. Elles persévèrent, ajustent leur approche et continuent d'avancer.

4. Créer une chaîne de réussites: La persévérance aide à construire une série de petits succès. Chaque jour où l'on parvient à respecter la nouvelle habitude renforce la confiance et la détermination à continuer. Avec le temps, ces petites victoires s'accumulent, transformant la nouvelle habitude en une partie intégrante de la vie quotidienne.

5. L'importance de la vision à long terme: La persévérance est étroitement liée à la capacité de voir le tableau d'ensemble. Les personnes prospères comprennent que l'adoption d'une nouvelle habitude est un investissement à long terme en elles-mêmes. Elles sont prêtes à faire face à des difficultés temporaires en échange d'un bénéfice durable.

6. L'entourage et la perseverance: Se entourer de personnes qui soutiennent et encouragent votre voyage peut renforcer la persévérance. Les personnes prospères cherchent souvent des mentors, des pairs ou des groupes de soutien qui les aident à rester engagés dans leur quête d'adopter de nouvelles habitudes.

7. La célébration des petites victoires: Chaque étape franchie dans le processus d'adoption d'une nouvelle habitude mérite d'être célébrée. Ces célébrations, aussi petites soient-elles, servent de rappels du progrès accompli et renforcent la détermination à persévérer.

8. L'auto-réflexion et l'ajustement: La persévérance ne signifie pas suivre aveuglément une voie sans jamais s'arrêter pour réfléchir. Les personnes prospères évaluent régulièrement leurs progrès, réfléchissent à ce qui fonctionne et ce qui ne fonctionne pas, et ajustent leur approche en conséquence.

La transformation vers la prospérité n'est pas un sprint, mais un marathon. Ce n'est pas tant les grandes décisions, mais plutôt les petites habitudes quotidiennes qui façonnent notre destin. La persévérance est l'outil qui garantit que ces habitudes s'enracinent profondément, qu'elles soient respectées pendant les périodes difficiles et qu'elles finissent par devenir une seconde nature.

Il est important de se rappeler que chaque jour est une nouvelle opportunité pour recommencer, ajuster et avancer. Avec de la persévérance, une vision claire et un engagement envers soi-même, l'adoption de nouvelles habitudes qui mènent à la prospérité devient non seulement possible mais inévitable.

C.1.3 L'importance de la constance

Lorsqu'il s'agit de réaliser de grands objectifs et de poursuivre une vie de prospérité, la constance est une vertu inestimable. Alors que la motivation peut démarrer un projet et la passion peut l'alimenter, c'est la constance qui garantit sa réalisation. Plongeons plus profondément dans l'importance de cette qualité, souvent sous-estimée, qui distingue ceux qui réussissent des autres.

1. La constance façonne la réalité: Il est courant de croire que le talent brut ou la chance sont les principaux déterminants de la réussite. Si ces éléments peuvent jouer un rôle, c'est la capacité à travailler régulièrement, jour après jour, qui transforme les rêves en réalités tangibles. Comme le dit le proverbe, **"la goutte d'eau creuse la pierre, non par sa force, mais par sa constance."**

2. Construire des fondations solides: Imaginons construire une maison. Si vous posez une brique aujourd'hui, deux demain, puis vous arrêtez pendant une semaine, votre progression sera lente et votre structure instable. En revanche, en posant des briques de manière constante, jour après jour, vous construirez une maison robuste et fiable. Il en va de même pour la prospérité. La constance renforce les fondations sur lesquelles repose votre succès.

3. La confiance naît de la constance: Lorsque vous vous engagez à être constant, vous développez une confiance accrue en vous-même. Vous savez que vous pouvez compter sur vous-même pour accomplir ce que vous avez entrepris. Cette confiance renforcée irradie dans d'autres domaines de votre vie, renforçant votre détermination et votre capacité à surmonter les défis.

4. Surmonter les obstacles: La route vers la prospérité est rarement linéaire. Il y aura des hauts et des bas, des moments d'incertitude et de doute. En restant constant, vous développez la résilience nécessaire pour naviguer à travers ces tempêtes et rester sur la bonne voie.

5. La constance engendre l'expertise: Dans tout domaine, que ce soit les finances, les arts ou le sport, l'expertise est souvent le produit de milliers d'heures de pratique. Ces heures sont rendues possibles par la constance. Comme l'a dit Aristote, **"nous sommes ce que nous faisons de manière répétée. L'excellence, alors, n'est pas un acte, mais une habitude."**

6. Création d'un effet cumulative: Imaginez épargner une petite somme d'argent régulièrement. Individuellement, chaque contribution peut sembler insignifiante. Avec le temps et grâce aux intérêts composés, votre épargne peut croître de façon exponentielle. De la même manière, les actions cohérentes et régulières créent un effet cumulatif qui peut transformer votre vie.

7. La constance attire des opportunités: Lorsque vous êtes constant, les autres le remarquent. Vous gagnez en crédibilité et en confiance, ce qui peut ouvrir la porte à de nouvelles opportunités. Les partenaires, les mentors ou les investisseurs sont plus enclins à s'associer à quelqu'un qui a fait ses preuves en étant constant.

8. Renforcer et maintenir les habitudes: La constance est intrinsèquement liée à la formation et au maintien d'habitudes positives. C'est elle qui vous pousse à vous lever tôt pour méditer, à lire régulièrement pour acquérir des connaissances ou à investir judicieusement pour assurer votre avenir financier.

La constance est le trait silencieux mais puissant qui propulse les individus vers la prospérité. Elle se manifeste à travers des actions répétées, une détermination inébranlable et une foi en la vision à long terme. Alors que le monde autour de nous peut être imprévisible et en constante évolution, la constance offre une ancre, un phare qui guide vers la réalisation des objectifs les plus ambitieux.

Embrasser la constance, c'est reconnaître que chaque jour est une étape essentielle dans la quête de la prospérité. C'est avec cette persévérance et cette régularité que les secrets des riches se dévoilent et que la transformation vers la prospérité devient tangible.

C.2 Un appel à l'action

C.2.1 Passer de la connaissance à l'action

L'ère de l'information dans laquelle nous vivons est une période exceptionnelle de l'histoire humaine. Jamais auparavant nous n'avions eu un accès aussi facile à tant de connaissances. Chaque jour, des livres sont publiés, des articles sont écrits, et des cours en ligne sont proposés. Mais ici réside un piège subtil: la surabondance d'information peut parfois nous immobiliser plutôt que de nous propulser en avant. Car la connaissance, aussi précieuse soit-elle, est stérile si elle n'est pas mise en action.

1. La différence entre savoir et faire: Il est courant de confondre savoir avec faire. Vous pouvez lire des centaines de livres sur l'investissement, la méditation, ou l'entrepreneuriat, mais cela ne fait pas de vous un investisseur, un méditant, ou un entrepreneur. Ces titres sont acquis par l'action, pas par la connaissance seule. Savoir ce qu'il faut faire est la première étape, le faire est la prochaine, et c'est souvent la plus difficile.

2. Le paradoxe de la connaissance: L'acquisition de nouvelles connaissances est stimulante. Elle peut donner l'illusion de la progression. Toutefois, si cette connaissance n'est pas appliquée, elle peut devenir un poids plutôt qu'une aile. Elle crée une tension entre ce que nous savons que nous devrions faire et ce que nous faisons réellement.

3. Pourquoi l'action est-elle si difficile?

La résistance à l'action est naturelle. Elle provient souvent de la peur de l'échec, de la sortie de notre zone de confort, ou de l'incertitude quant à l'issue. C'est en embrassant cette incertitude et en prenant des mesures malgré la peur que nous réalisons véritablement notre potentiel.

4. L'importance de l'expérimentation: Passer à l'action, c'est aussi s'autoriser à expérimenter. Chaque action est une opportunité d'apprendre, de s'ajuster et d'évoluer. Contrairement à la connaissance passive, l'expérimentation active nous donne des retours concrets et précieux qui affinent notre compréhension et notre expertise.

5. La création d'un élan: Le premier pas est souvent le plus difficile. Mais une fois que vous commencez à agir, chaque étape supplémentaire devient plus facile. L'action engendre l'action. C'est ce qu'on appelle l'élan. Comme une boule qui roule, plus vous avancez, plus il est difficile de s'arrêter.

6. L'établissement de petits objectifs: Ne vous submergez pas en pensant que vous devez tout faire d'un coup. Définissez de petits objectifs réalisables. Chaque petit succès renforcera votre confiance et vous encouragera à poursuivre.

7. Célébrez chaque Victoire: Prenez le temps de reconnaître et de célébrer chaque action que vous entreprenez, quelle que soit son issue. Ce n'est pas seulement le résultat qui compte, mais le chemin parcouru. En célébrant vos efforts, vous renforcez votre engagement envers l'action.

8. L'engagement public: Partagez vos intentions avec des amis, de la famille ou des collègues. L'engagement public peut être un puissant catalyseur pour l'action. Sachant que d'autres sont au courant de vos plans, vous serez plus enclin à suivre à travers.

Le voyage vers la prospérité est semé d'opportunités et de défis. Mais pour naviguer sur ce chemin, il ne suffit pas de connaître la route; il faut marcher dessus. Chaque pas que vous faites transforme la carte abstraite de la connaissance en un territoire tangible d'expérience.

Alors, cher lecteur, en terminant ce livre, je vous invite à un appel à l'action. Ne laissez pas ce que vous avez appris rester lettre morte. Mettez-le en œuvre, expérimentez, échouez, apprenez, et continuez d'avancer. Car dans l'intersection magique entre la connaissance et l'action réside la transformation, le progrès, et finalement, la prospérité.

C.2.2 Éviter la procrastination financière

La procrastination est un comportement que beaucoup d'entre nous connaissent bien. Elle nous pousse à reporter constamment des tâches importantes au profit de distractions ou d'occupations moins prioritaires. Lorsqu'il s'agit de finances, la procrastination peut avoir des conséquences dramatiques sur la santé financière et le potentiel de croissance de votre patrimoine.

1. Les conséquences de la procrastination financière: L'un des plus grands atouts dans le domaine financier est le temps. Lorsqu'il est utilisé judicieusement, le temps peut être un allié puissant, notamment grâce à la magie de la capitalisation. En retardant vos décisions financières, vous renoncez au pouvoir du temps et au potentiel d'une croissance exponentielle de vos investissements.

2. Les racines de la procrastination financière: Les raisons pour lesquelles nous procrastinons financièrement sont multiples:

La peur: L'incertitude du monde financier peut être intimidante. La peur de prendre une mauvaise décision, de perdre de l'argent ou de ne pas comprendre les mécanismes financiers peut nous paralyser.
Le sentiment d'incompétence: Pour beaucoup, les finances semblent être un domaine complexe, réservé aux experts.

La surcharge d'information: Avec l'abondance d'informations disponibles, il est facile de se sentir submergé et de repousser les décisions financières.
Le déni: Certains peuvent choisir d'ignorer leur situation financière, espérant qu'elle s'améliorera d'elle-même.

3. Reconnaître le coût de l'inaction: La procrastination a un coût. En remettant à plus tard vos investissements, vous pourriez perdre des opportunités de croissance. Si vous reportez votre investissement dans un plan d'épargne pendant cinq ans, les contributions que vous auriez pu faire pendant ces cinq années et leurs rendements potentiels sont perdus à jamais.

4. Adopter une mentalité de croissance: Pour surmonter la procrastination financière, il est crucial d'adopter une mentalité de croissance. Cela signifie reconnaître que, si vous ne possédez pas actuellement les compétences financières dont vous avez besoin, vous pouvez les acquérir. Il ne s'agit pas de devenir un expert, mais d'avoir suffisamment de connaissances pour prendre des décisions éclairées ou travailler efficacement avec des experts.

5. Commencer petit: Ne laissez pas la perfection être l'ennemi du bien. Plutôt que d'attendre le moment idéal pour investir, commencez petit et apprenez en cours de route. Même un petit investissement régulier peut croître de manière significative avec le temps.

6. Fixez des échéances: L'un des moyens les plus efficaces de lutter contre la procrastination est de fixer des échéances claires. Que vous souhaitiez consulter un conseiller financier, ouvrir un compte d'épargne, ou investir dans un fonds, fixez-vous une date limite.

7. Engagez-vous publiquement: Comme mentionné précédemment, l'engagement public peut être un puissant moteur d'action. Partagez vos objectifs financiers avec un ami de confiance ou un membre de la famille qui peut vous tenir responsable.

8. Cherchez des sources d'inspiration: Entourez-vous de personnes qui valorisent la croissance financière. Écoutez des podcasts, lisez des livres ou assistez à des séminaires sur les finances. L'exposition régulière à des idées financières positives peut stimuler votre motivation.

9. N'ayez pas peur de demander de l'aide: Si vous vous sentez bloqué, il n'y a aucune honte à demander de l'aide. Un conseiller financier peut vous aider à éclaircir vos objectifs, à élaborer un plan et à rester sur la bonne voie.

La procrastination financière est l'un des plus grands obstacles à la prospérité. Toutefois, avec une approche proactive, une mentalité de croissance et un engagement envers l'action, vous pouvez surmonter ce défi. Rappelez-vous que chaque jour compte. En faisant des choix financiers judicieux aujourd'hui, vous pavez la voie vers un avenir plus riche et plus prospère.

C.2.3 Se responsabiliser pour sa propre prospérité

La responsabilité personnelle est l'un des piliers fondamentaux de la réussite et de la prospérité. Dans le contexte financier, se responsabiliser signifie prendre le contrôle de votre destinée financière, assumer la responsabilité de vos décisions et de vos actions, et comprendre que votre prospérité future dépend principalement de vous-même.

1. Comprendre l'importance de la responsabilité: Pour beaucoup, la richesse semble être le fruit du hasard ou de la destinée. Certes, certains éléments de la chance jouent un rôle, mais la majorité des individus prospères ont atteint leur position grâce à une série de décisions réfléchies et d'actions intentionnelles. La prospérité n'est pas un accident; elle est généralement le résultat direct de la responsabilité personnelle.

2. Cesser de blâmer les circonstances extérieures: Il est facile de blâmer les circonstances, le marché, le gouvernement ou d'autres facteurs pour ses problèmes financiers. Bien que ces éléments puissent avoir un impact, il est essentiel de se rappeler que vous avez le pouvoir de contrôler votre réponse à ces circonstances. Les individus prospères recherchent des solutions plutôt que de se concentrer sur les problèmes.

3. Prendre des décisions éclairées: La responsabilité implique de faire des choix judicieux. Cela nécessite de se renseigner, d'apprendre continuellement et de rechercher les meilleures options disponibles. Une décision éclairée est le fruit de la recherche, de la réflexion et de la considération des conséquences à long terme.

4. Assumer les consequences: Toute décision, qu'elle soit bonne ou mauvaise, a des conséquences. Se responsabiliser signifie accepter ces conséquences, apprendre de ses erreurs et s'adapter pour faire de meilleurs choix à l'avenir.

5. Fixer des objectifs clairs: Vous ne pouvez pas atteindre un objectif que vous n'avez pas défini. La définition d'objectifs financiers clairs, qu'il s'agisse d'économies, d'investissements ou de dépenses, vous donne une direction et un sens. La poursuite active de ces objectifs est un acte de responsabilité.

6. Être proactif, pas réactif: Attendre que les opportunités se présentent ou réagir aux événements lorsqu'ils surviennent n'est pas une stratégie viable. Se responsabiliser implique d'agir de manière proactive, de chercher des opportunités et de créer les conditions propices à la prospérité.

7. Investir en soi: La connaissance est un puissant levier financier. Investir du temps et des ressources dans votre éducation financière est un acte de responsabilité. Cela vous permet d'élargir vos perspectives, de comprendre les tendances et d'avoir une vision claire de la direction à prendre.

8. Rechercher des mentors et des guides: Personne n'atteint la prospérité seul. Rechercher des mentors, des conseillers ou d'autres experts qui peuvent vous guider est un moyen d'assumer la responsabilité de votre croissance financière. Ces individus peuvent offrir des perspectives, des conseils et des stratégies précieuses.

9. Rester engage: La route vers la prospérité est parsemée d'obstacles, de défis et de distractions. La responsabilité implique de rester engagé, même lorsque la situation devient difficile. C'est dans ces moments-là que votre engagement envers vos objectifs et votre responsabilité personnelle est le plus testé.

Se responsabiliser pour sa propre prospérité est un voyage, pas une destination. C'est un engagement continu envers l'excellence, la croissance et l'adaptabilité. En assumant pleinement la responsabilité de votre destinée financière, vous vous donnez les meilleures chances de créer la vie prospère que vous désirez. Rappelez-vous que chaque choix, chaque action et chaque jour compte. Prenez les rênes de votre avenir financier et avancez avec détermination et responsabilité.

C.3 Vers un avenir financièrement serein

C.3.1 Cultiver la gratitude et la générosité

La richesse ne se mesure pas uniquement par la taille de notre compte en banque ou par les biens matériels que nous possédons. La véritable prospérité englobe également notre bien-être émotionnel, spirituel et relationnel. Deux des éléments les plus puissants qui peuvent enrichir notre existence de manière profonde et durable sont la gratitude et la générosité. Ces deux qualités, lorsqu'elles sont cultivées avec intention, ont le pouvoir non seulement d'améliorer notre propre vie, mais aussi de toucher profondément celle des autres.

1. La gratitude: un état d'esprit

La gratitude n'est pas simplement l'acte de dire "**merci**". C'est une disposition d'esprit, une façon de voir le monde qui nous entoure. Elle nous encourage à reconnaître et à apprécier les choses, grandes ou petites, qui enrichissent notre vie.

La puissance de la reconnaissance quotidienne: Instaurer un rituel quotidien de reconnaissance peut transformer notre perspective. Prendre un moment chaque jour pour réfléchir aux choses pour lesquelles nous sommes reconnaissants, que ce soit à travers un journal de gratitude ou une méditation silencieuse, peut considérablement améliorer notre bien-être émotionnel et notre satisfaction générale dans la vie.

L'impact sur la santé mentale: De nombreuses études ont montré que la pratique régulière de la gratitude peut réduire le stress, améliorer la qualité du sommeil et renforcer notre résilience face aux défis de la vie. Elle nous permet de nous concentrer sur ce qui est positif, même dans les moments difficiles.

2. La générosité: un acte du cœur

La générosité va au-delà de l'acte de donner matériellement. C'est une manifestation de notre humanité, une façon d'exprimer notre amour, notre compassion et notre engagement envers les autres.

Le bonheur de donner: Selon de nombreuses études, donner procure un sentiment de bonheur et de satisfaction. Ce phénomène, souvent appelé **"le high du donneur"**, provient de la libération d'endorphines qui se produit lorsque nous faisons preuve de générosité. Donner nous fait nous sentir bien, tant physiquement qu'émotionnellement.

L'effet boule de neige de la générosité: Un acte de générosité, même petit, peut avoir un effet boule de neige. Une simple gentillesse peut inspirer la personne qui en bénéficie à faire de même pour quelqu'un d'autre. Ce cycle positif de générosité peut toucher d'innombrables individus et créer une onde de bienfaits à travers une communauté.

3. Gratitude et générosité dans le contexte financier

Reconnaître la valeur de ce que nous avons et être disposé à partager avec les autres sont deux comportements qui peuvent transformer notre relation à l'argent et à la prospérité.

Investir dans ce qui compte vraiment: La gratitude nous aide à réaliser que les meilleures choses de la vie ne sont pas toujours matérielles. En conséquence, nous pouvons choisir d'investir davantage dans des expériences, des relations et des causes qui ont un sens profond pour nous.

La générosité comme outil de croissance: En partageant nos ressources avec les autres, nous ne faisons pas seulement preuve de bonté; nous investissons également dans notre propre croissance personnelle et spirituelle. La générosité nous rappelle que nous faisons partie d'un tout plus grand et que notre prospérité est intrinsèquement liée au bien-être des autres.

La gratitude et la générosité sont deux qualités essentielles pour quiconque souhaite mener une vie riche et épanouie. En cultivant ces traits de caractère, non seulement nous enrichissons notre propre existence, mais nous contribuons aussi à rendre le monde meilleur. Alors que nous avançons vers un avenir financièrement serein, souvenons-nous que la véritable prospérité ne réside pas dans ce que nous avons, mais dans ce que nous apprécions et dans la manière dont nous choisissons de partager avec les autres.

C.3.2 Rester humble et ouvert d'esprit

La richesse et le succès, bien qu'extrêmement séduisants, comportent leur lot de pièges. L'un des plus insidieux est la tentation de devenir complaisant, arrogant ou fermé à de nouvelles idées. Les véritables leaders de la prospérité, cependant, reconnaissent l'importance de maintenir à la fois une humilité sincère et une ouverture d'esprit.

1. L'humilité: Le gardien de la sagesse

L'humilité est souvent perçue à tort comme une faiblesse, en particulier dans un monde compétitif. C'est tout le contraire. L'humilité est la reconnaissance que, peu importe notre succès, il y a toujours quelque chose à apprendre, quelqu'un d'autre qui pourrait nous enseigner, et une marge pour l'amélioration.

Reconnaître nos propres limites: Il est essentiel de comprendre que personne n'est infaillible. Même les esprits les plus brillants ont leurs limites. Reconnaître cela nous permet non seulement de continuer à apprendre, mais aussi de chercher des conseils et des opinions variées pour prendre des décisions éclairées.

L'humilité attire le respect: Contrairement à l'ego, qui peut repousser les gens, l'humilité attire. Elle crée un espace pour le dialogue, la collaboration et l'innovation. Les personnes humbles sont souvent plus respectées et écoutées, car elles sont perçues comme étant authentiques et véritables.

2. L'ouverture d'esprit: La clé de l'adaptabilité

Dans un monde en constante évolution, particulièrement dans le domaine financier, l'ouverture d'esprit n'est pas seulement souhaitable, elle est essentielle. Ceux qui ferment leur esprit aux nouvelles idées ou aux nouvelles méthodes se retrouvent souvent à la traîne.

Prêt à remettre en question: Les riches qui réussissent le mieux sont ceux qui sont prêts à remettre en question leurs propres croyances et méthodes. Ils sont ouverts à l'idée qu'il pourrait y avoir une meilleure façon de faire les choses, même si cela contredit ce qu'ils pensaient savoir.

Diversité des sources d'information: L'ouverture d'esprit implique également de chercher et de respecter une diversité d'opinions. Cela signifie élargir nos sources d'information, écouter des experts de différents domaines et chercher à comprendre des points de vue opposés.

3. Humilité et ouverture d'esprit: la combinaison gagnante

En combinant l'humilité avec l'ouverture d'esprit, on crée une mentalité propice à la croissance continue. Cette combinaison permet d'éviter la complaisance et garde la porte ouverte à l'innovation et à l'amélioration.

Se protéger contre les pièges du succès: Lorsqu'on connaît le succès, il est facile de devenir complaisant, de penser que nous avons toutes les réponses. C'est un piège dangereux. L'humilité nous rappelle que le succès est éphémère et que nous devons continuer à apprendre et à évoluer pour rester pertinents.

Évoluer avec le temps: Avec l'ouverture d'esprit, nous sommes mieux équipés pour évoluer avec le temps. Dans le monde financier, les stratégies qui fonctionnaient il y a dix ans ne sont peut-être plus viables aujourd'hui. Il faut être prêt à s'adapter, à apprendre et à évoluer.

Tandis que nous nous efforçons de tracer notre chemin vers une prospérité financière, rappelons-nous que la véritable richesse ne se trouve pas seulement dans ce que nous avons accumulé, mais aussi dans la façon dont nous nous comportons et interagissons avec le monde qui nous entoure. En restant humbles et ouverts d'esprit, non seulement nous maximisons nos chances de succès continu, mais nous nous assurons également que notre voyage est riche en leçons, en relations et en croissance personnelle.

C.3.3 Encourager les autres à emprunter la voie de la prospérité

La quête de la prospérité ne doit pas être un voyage solitaire. Lorsque nous trouvons des méthodes, des outils et des mentalités qui nous mènent vers une vie plus riche et épanouissante, il est de notre responsabilité, mais aussi de notre plaisir, de partager ces découvertes avec les autres. Encourager autrui à emprunter la voie de la prospérité peut enrichir non seulement leur vie, mais aussi la nôtre.

1. Pourquoi encourager les autres?

Créer une communauté prospère: Lorsque nous aidons les autres à prospérer, nous créons une communauté où la prospérité est la norme plutôt que l'exception. Ces communautés, axées sur le soutien mutuel et la croissance, sont des terreaux fertiles pour d'autres succès.

Élever le niveau général de prospérité: La prospérité n'est pas un jeu à somme nulle. En aidant d'autres personnes à réussir, vous augmentez la quantité de succès et de bien-être dans le monde. Cela profite à tous, y compris à vous-même.

Renforcement personnel: Lorsque vous guidez les autres, vous renforcez également vos propres connaissances et compétences. Enseigner est l'une des meilleures façons d'apprendre. Vous découvrirez également de nouvelles perspectives qui pourraient enrichir votre propre voyage vers la prospérité.

2. Comment encourager les autres?

Partager votre histoire: Votre propre parcours vers la prospérité est une source d'inspiration. Parlez de vos échecs, de vos leçons apprises et de la manière dont vous avez surmonté les obstacles. Votre histoire pourrait être le catalyseur dont quelqu'un d'autre a besoin pour commencer son propre voyage.

Mentorat et coaching: Si vous avez acquis une expertise particulière ou avez connu un certain niveau de succès, envisagez d'offrir du mentorat ou du coaching. Aider quelqu'un à naviguer dans les complexités de la prospérité financière peut être incroyablement gratifiant.

Fournir des ressources: Il existe de nombreuses ressources, qu'il s'agisse de livres, de cours en ligne ou de séminaires, qui peuvent aider les gens sur leur chemin. Recommandez ceux qui vous ont été bénéfiques et considérez la possibilité d'en créer si vous avez des connaissances ou des compétences spécifiques à partager.

3. Les bienfaits du partage

Établir des relations solides: En encourageant et en soutenant les autres, vous créez des liens solides. Ces relations peuvent devenir des sources de soutien, de conseils et d'opportunités à l'avenir.

Un sentiment d'accomplissement: Il y a une joie particulière à voir quelqu'un d'autre réussir, en particulier si vous avez joué un rôle dans cette réussite. Le sentiment d'avoir fait une différence positive dans la vie de quelqu'un d'autre est profondément gratifiant.

La propagation de la prospérité: Plus vous encouragez les autres, plus vous créez un effet domino de prospérité. Ceux que vous avez aidés seront plus enclins à aider d'autres personnes à leur tour, créant ainsi une chaîne d'impact positif.

La prospérité prend tout son sens lorsqu'elle est partagée. En aidant les autres, vous enrichissez non seulement leur vie, mais aussi la vôtre.

BIBLIOGRAPHIE

1. Père riche, père pauvre - Robert Kiyosaki - Un Monde Different - 2017

2. La semaine de 4 heures - Timothy Ferriss - Zulma - 2008

3. Le pouvoir de la pensée positive - Norman Vincent Peale - J'ai Lu - 1952

4. Les secrets de la motivation - Tony Robbins - Mardaga - 1986

5. L'art de la négociation - Donald Trump - Eyrolles - 2015

6. Le capital au XXIème siècle - Thomas Piketty - Seuil - 2013

7. La motivation, désir de savoir et durée de vie - Mihaly Csikszentmihalyi - Robert Laffont - 2005

8. Rapport sur le développement dans le monde - Banque Mondiale - Editions ESKA - 1999

9. La prospérité du XXIème siècle - Jeremy Rifkin - La Découverte - 2000

10. Le capitalisme, histoire d'une révolution - Thomas Philippon - Fayard - 2020

www.ingramcontent.com/pod-product-compliance
Lightning Source LLC
Chambersburg PA
CBHW052318220526
45472CB00001B/174